U0822839

青春修炼手册

——主题班会设计

学生用书 下册

■主　编　成振洋

■主　审　徐　飚

■副主编　陈　苹　李建红　陈文昀

電子工業出版社
Publishing House of Electronics Industry
北京・BEIJING

内 容 简 介

本套丛书包括职业院校体验式主题班会教材和学材。丛书遵循职业院校学生的身心成长发展规律，按照既定的体验式主题班会活动总目标以及不同阶段的活动目标，以“适应—定位—发展”递进式的理念设计主题班会活动大纲，形成符合职业院校学生身心特点的多元化的体验式主题班会活动模块。活动方式主要采用体验式活动方法，即教育与被教育者相互启发、平等学习的方法，实施开放的群体参与过程。

图书在版编目（CIP）数据

青春修炼手册：主题班会设计：学生用书．下册 / 成振洋主编．—北京：电子工业出版社，2017.8

ISBN 978-7-121-32407-9

Ⅰ．①青…　Ⅱ．①成…　Ⅲ．①班会—职业教育—教材　Ⅳ．①G718.3

中国版本图书馆 CIP 数据核字（2017）第 183536 号

策划编辑：施玉新
责任编辑：裴　杰
印　　刷：中国电影出版社印刷厂
装　　订：三河市良远印务有限公司
出版发行：电子工业出版社
　　　　　北京市海淀区万寿路 173 信箱　邮编　100036
开　　本：787×1 092　1/16　印张：7.5　字数：192 千字
版　　次：2017 年 8 月第 1 版
印　　次：2017 年 8 月第 1 次印刷
定　　价：28.00 元

凡所购买电子工业出版社图书有缺损问题，请向购买书店调换。若书店售缺，请与本社发行部联系，联系及邮购电话：（010）88254888，88258888。

质量投诉请发邮件至 zlts@phei.com.cn，盗版侵权举报请发邮件至 dbqq@phei.com.cn。

本书咨询联系方式：（010）88254598，syx@phei.com.cn。

编 委 会

前言 QIANYAN

学校是德育的主战场，课堂是德育的主阵地，班会课是德育的强大武器。主题班会课是德育教育的重要环节，是学校品格和心理教育的有效载体，更是培养学生自我教育、自我管理能力的沃土。

长期以来，职业院校的班会课主题笼统宽泛，通常由班主任总结或安排工作。班会课究竟怎样上一直是让一线班主任很困惑的问题。其他课程都有教材，唯有班会课无本可循。班会课究竟有哪些内容和形式？如何选题？学生参与问题，效果如何？过程究竟该怎样开展？能否有师生人手一本的班会课教材？在编写此书之前，尽管我们一直在找寻，但没有一本能很好地解决一线班主任心中的这些疑问与困惑。

为了促进职业院校德育教育，帮助一线班主任有效地开展主题班会课，提高学生自主教育能力，促进学生全面发展，我们编写了《青春修炼手册——主题班会设计（学生用书）》《青春修炼手册——主题班会设计（教师用书）》。

丛书以“突出实用性、新颖性、参与性”为编写原则，重在学生的“实践体验、锻炼成长”，从课程的高度和德育功能的视角，汇集了专家、学校管理者、一线班主任的智慧，由三所技师学院十多名老师共同撰写而成。丛书分学生用书和教师用书三本，共 30 课。全书从学生入学适应，一直到学生离校前实习的班会结束，每课都颇有针对性和时效性。形式多样，目的明确，启发学生思考，引导学生懂事明理，陪伴学生快乐成长。每学年 15 课，有一个完整的系统和清晰的序列，考虑到不同年级学生的不同特点，遵循由浅入深、由易而难的原则，让每个阶段的目标比较明确，让宏大的抽象的概念分解成可操作的、以实践和体验为主的主题班会课程。每一节课，学生用书分为“心灵触动”“心灵课堂”“心灵回音”和“心灵感悟”，包括读一读、动一动、想一想、课堂导读、课堂任务、课堂讨论、读故事谈感想等，重在教会学生思考与行动。教师用书分为“活动目标”“活动准备”“活动过程”“课后延伸”，形式灵活多样，有角色扮演、演讲辩论、游戏测试、视频展示、团队合作、竞赛表演、影片推荐、好书推介等，生动有趣，富有启迪性和操作性，是实实在在的可借鉴可复制的操作经验。教师用书和学生用书的编写着眼于实际，遵循成长规律，对学生能启迪，对老师能操作。力求符合职业院校学生特点，贴近生活，促进学生的健康发展和全面发展。

为加强教育实效，探索教育规律，减轻一线班主任工作负担，我们将打造班会课的资源库，配套有课件、微课、图片等相关辅助资料，以增加班会课的拓展与延伸功能，给一线班主任们更多、更充分的借鉴和参考。

为变以往的“工作布置课”“老班讲话课”“随意活动课”为“自主参与课”“体验成长课”，我们力求从全书布局谋篇，到具体细节设计，都尽可能地做到一点——使这本书成为学生的成长伙伴，成为班主任开设主题班会课必不可缺的导师和助手。最终达到关注学生精神成长、聚焦学生学习成长、促进学生综合发展的目的。希望我们精彩的班会课能够成为学生快乐生活的起点，成为学生美好时代的回忆！

最后，感谢广州市公用事业技师学院、广州市轻工技师学院、东莞市技师学院对本书的大力支持。特别鸣谢徐飚校长、黄景容校长对本书的专业指导。

本书编写时间仓促，不足之处恳请读者赐教。

编　者

CONTENTS 目录

CHAPTER 16 感恩教育

感谢命运，感谢人民，感谢思想，感谢一切我要感谢的人。

——鲁迅

感恩是一种处世哲学，也是生活中的大智慧，感恩父母给了我生的权利，奉献出世间最伟大的爱；感恩老师给我飞翔的翅膀，为我指明人生的方向；感谢路人，那满带笑容的脸庞；感谢清晨的那一缕阳光，给大地带来了光明；感谢……

一、心灵触动

读一读

中国某大学一位来自河北的大学生，在母亲一年没见到他，满心欢喜带着自己包的粽子来到学校看望他时，却将母亲阻于门外。他怕土气、无知的母亲的出现，让自己丢面子。

2005 年 10 月，东北某大学的领导收到一封一位大学生母亲的来信。这位母亲在信中写道：“尽管父母为了儿子的成长付出了艰辛和努力，但孩子的心扉从来没有向父母敞开过，有时给他打电话他都不愿接，对父母的话置若罔闻……”

2005 年 4 月，重庆一辆大巴士因事故落入水中，路过的农民金某救出了 20 余人，自己却因为划破脚得了破伤风，最终默默死去，而他救助的那些人，没有一个站出来帮助他。

学生上课时不遵守纪律，说话、睡觉、打手机；见到老师擦肩而过不打招呼，如同陌路，上了一个学期的课，不知道老师姓甚名谁；对老师的辅导答疑，连句“谢谢老师”都不会说；更有甚者给老师起外号，全然没有尊重老师。

不少大学生在学习期间靠助学金贷款的资助完成学业，毕业后把还款的事情抛在脑后，拖欠甚至拒绝还款，极大地破坏了助学贷款的信用体制。不讲信用、没有社会责任感，更显现了对感恩的淡漠心理。

……

动一动

- **上网找找资料**

1. 找一个典型的青少年感恩的事例。

2. 找 5 条关于感恩的格言、词语、典故或古训。

填一填

项　　目	你的答案
1. 你能清楚记得自己的父母（亲人）的生日吗?	
2. 在父亲节、母亲节、教师节等节日，你有没有表达自己的心意?	
3. 你多久打一次电话给家人?	
4. 如果你被老师批评，你会怎样?	
5. 你去过敬老院做义工吗? 感觉如何?	
6. 到目前为止，你最想感激的一个人是谁?	
7. 你会不会因为身边的人帮助你而感动很久?	
8. 你会用什么方式感恩社会?	
9. 你会用何种方式去了解感恩这一话题?	

想一想

1. 结合上述问题，谈谈你对感恩的理解。

2. 请回顾自己的成长历程，体会最感动的恩情，写下给你留下最深刻印象的一件事。

3. 羊有跪乳之恩，鸦有反哺之恩，你又拿什么来报达父母（亲人）所付出的无数艰辛呢?

二、心灵课堂

课前准备

1. 根据班级情况分组，5~7 人一组。

2. 阅读“心灵触动”内容，并完成相关任务。

3. 手机查找感恩的案例、格言、古训。

4. 请思考：你是个懂得感恩的人吗?

课堂导读

1. 认识感恩的定义

《说文》里对恩的定义为：“恩，惠也。”恩惠自然有施之一方和受之一方，恩是用惠将施受两个方面的情感联系在一起。以上词语把施恩与感恩的情怀及忘恩负义的行为鲜明生动地描述出来，对施受两方面的情感作了赞美和鞭挞。

感恩是“感”与“恩”的结合，两者从心，合起来就是知恩、感激、报答。在牛津字典里感恩的定义是“乐于把得到好处的感激呈现出来且回馈他人”。中国人对感恩外延的理解则更为丰富，感恩在中国汉语体系中表述为仁、义、孝。

“仁”要求博爱众生，常怀恻隐之心，感念自然创造众生、无私馈赠和社会创造人生之恩；“义”则是和朋友肝胆相照，乃至誓为知己者死，感念朋友、老师、领导知遇之恩；“孝”则为爱亲、敬亲，以报父母养育之恩。

2. 学会与理解感恩的意义

汉朝时，大梁有个叫韩伯愈的人，本性纯正，孝敬父母，是一位有名的孝子。他的母亲对他管教很严格，稍微有点过失，就举杖挥打。有一天伯愈在挨打时，竟然伤心哭泣。他母亲觉得奇怪，问道：“往常打你时，你都能忍受，今天为什么哭泣？”伯愈回答道：“往常打我我觉得疼痛，知道母亲还有力气，身体健康，但是今天感觉不到疼痛，知道母亲身体衰退，体力微弱。所以禁不住伤心流下了泪水，并不是不甘心忍受疼痛。”

感恩是对生命的深刻领悟，奉献是对生命存在的最好回报。难忘父母赐予血肉之躯、辛劳抚育儿女成长的这份寸草春晖的恩情；难忘老师诲人不倦、无私传授人生真谛这份泽被后世的恩情；难忘亲朋好友始终如一、无微不至的关心与善良诚挚的支持；感恩母校，是它为我们提供了一个优美和谐的成长环境；感恩社会，是它为我们创建了一个和谐安宁的生活环境。

课堂任务

1. 观看视频，初识感恩

细心体会画面中识恩、感恩、施恩的细节。

2. 感恩教育的过程模式

小游戏：你来说，我归类

从汉语成语大辞典（手机查询）中挑选出与感恩相关的积极词/消极词各 5 个，用于正式讨论。找出含有“恩”字眼或者代表恩情的词语和短语，例如：

恩怨分明、知恩图报、忘恩负义、恩将仇报、恩断义绝、恩恩相报、恩重如山、负恩昧良、感恩戴德、感激不尽；

滴水之恩，必将涌泉相报；

鸦有反哺之义，羊知跪乳之恩；
谁言寸草心，报得三春晖；
鞠躬尽瘁，死而后已；
衔环结草，以恩报德；
士为知己者死；
……

你还能再找到更多关于感恩的词语吗？

【活动要求】

1. 根据班级情况将成员分成若干小组，5～7 人一组。

2. 每小组分工，用手机查找词语、案例（典故），小组将找到的词语写在准备好的卡纸上，小组内与邻近的同学讨论每一个词语的意思。

3. 成员汇总找到的词语，班级进行“头脑风暴”筛选出不同的词语，在黑板上进行张贴。

4. 小组成员一起讨论，绘制一张关于感恩的模式图，如图 1 所示，每组选出一个典型的案例（典故）进行评比分享。

5. 活动分享：在这个活动中，你有什么感受，请与大家分享。

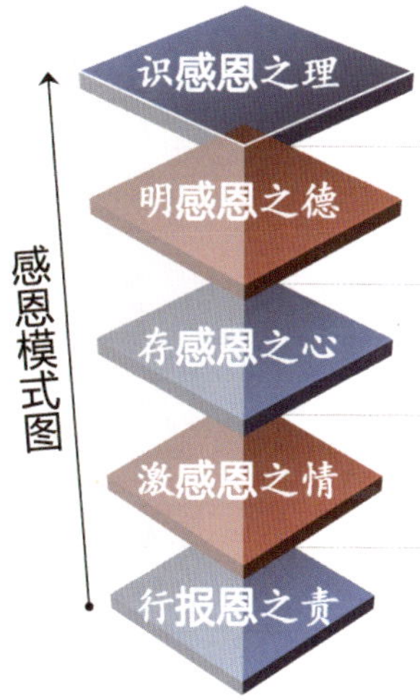

图 1　感恩分类模式图

【活动目的】

了解关于感恩的范围、类型、模式等。

【活动小结】

在我国悠久的历史文化长河中，我国人民历来重视道德修养和文明礼貌的启蒙教育，自古都有感恩传统。《三字经》里有“香九龄，能温席，孝于亲，所当执”。

“谁言寸草心，报得三春晖”。唐代诗人孟郊的这首《慈母吟》道出了天下儿女尤其是游子的心声，说尽了一个母亲对孩子的牵挂。

然而，历经了千辛万苦的父母，用威逼才能够获得孩子同样的牵挂和尊重。家长无端被儿女斥责和虐待的事屡见不鲜，情感苍白、为人桀骜不驯、唯我独尊、自私自利令长辈“辛酸”的子女数不胜数。社会上“忘恩负义”“过河拆桥”等令人痛心、让人扼腕叹息的故事就更多了。

课堂讨论

你是否在父母劳累后递上一杯暖茶？你是否见了老师亲切地打声招呼？你是否理解和关心周围的人？你是否为陌生人提供过帮助？

1. 在成长的过程中，最想感恩的人是谁？

2. 当受到别人恩惠的时候，你会如何报答？

3. 体验感恩—感悟幸福。

自我感悟

感谢别人的时候，再次勾起他人对你帮助的回忆，心中仍激起幸福温暖的感觉；被别人感谢的时候，没有想到你曾经微不足道的举动，会让别人对你有感激之情。以后要更多地帮助别人，让别人因我的存在而感到幸福。

【主题】游戏：甜心运动

【目的】体会你不经意间的恩惠会给别人带来幸福

【步骤】

1. 每位学生分 3 颗糖，把糖送给你想要感谢的人，要求：第一颗糖送给同桌，在送糖时说出你要感谢他的理由；

2. 糖可以送给组内同学，也可以送给组外同学，但不能重复送，活动结束后手中所有的糖必须来自于别人的赠予。

3. 全班同学一起参与本次活动。

4. 你的糖送给了谁？你收到了谁的糖？

5. 感悟分享：分享一下你感谢他的理由。

（1）送糖给别人表示感谢的时候，你有什么感受？

（2）有人给你送糖的时候，你有什么感受？

6. 拥抱邻近的同学。

三、心灵回音

读故事，谈感想

小故事，大道理

据传一个偏僻的小镇，有一个特别灵验的水泉，常会出现神迹，可以医治各种疾病。有一天，一个拄着拐杖、少了一条腿的退伍军人，一跛一跛地走过镇上的马路。旁边的居民带着同情的口吻说："可怜的家伙，难道他要向神泉祈求再有一条腿吗？"这句话被退伍军人听到了。他转过身对他们说："我不是要向神泉祈求有一条新的腿，而是祈求它帮助我，叫我没有一条腿后，也知道如何过日子。"

学习为所失去的感恩，也接纳失去的事实，不管人生得与失，总要让自己的生命充满亮丽与光彩，不再为过去掉泪，努力活出自己的样子。

试想：当你受到挫折和打击时，是不是还有一颗感恩的心，并且坚强和乐观。写下你的感受。

课后延伸

1. 阅读推荐：《背影》，作者：朱自清
2. 电影推介：《暖春》《感动中国十大人物》
3. 歌曲欣赏：《白发亲娘》《父亲》《母亲》《好大一棵树》《感恩一切》

四、心灵感悟

内　　容	你的答案（请在括号里打“√”）
1. 你是个懂得感恩的人吗？	是（　）　有点（　）　否（　）
2. 你对感恩有新的认识吗？	是（　）　有点（　）　否（　）
3. 你会因为今天所学，对感恩有更深的认识吗？	是（　）　有点（　）　否（　）
4. 你认为今天所学对以后的学习和生活有作用吗？	有（　）　没有（　）　不清楚（　）
5. 本节课，你印象最深的是哪个环节？（写一写）	____________________ ____________________
6. 请对自己的收获进行评价并写下原因。	非常棒😄（　）很好😊（　） 一　般😞（　） ____________________ ____________________

CHAPTER 17 解读爱情的魔方

托尔斯泰说“一千个人就有一千种爱情”，爱情是一种情感的体验，你知道爱情与友谊的区别吗？在爱情中有哪些困扰你的地方呢？如何才能在爱情中保护好自己呢？

一、心灵触动

读一读

爱情是人类永恒的话题。在我国古代就有数不胜数描写爱情的诗词：

十年生死两茫茫。不思量，自难忘。

——《江城子·乙卯正月二十日夜记梦》苏轼

从别后，忆相逢，几回魂梦与君同。今宵剩把银釭照，犹恐相逢是梦中。

——《鹧鸪天·彩袖殷勤捧玉钟》晏几道

花自飘零水自流，一种相思，两处闲愁。此情无计可消除，才下眉头，却上心头。

——《一剪梅·红藕香残玉簟秋》李清照

入我相思门，知我相思苦，长相思兮长相忆，短相思兮无穷极，早知如此绊人心，何如当初莫相识。

——《秋风词》李白

汴水流，泗水流，流到瓜洲古渡头，吴山点点愁。思悠悠，恨悠悠，恨到归时方始休，月明人倚楼。

——《长相思》白居易

……

在这些唯美、浪漫的赞美爱情的诗句背后，也有一些事件让我们扼腕叹息。

2016 年 10 月 21 日凌晨 4 时许，王某在内蒙古某职业学院宿舍产下一名男婴。因害怕男婴的啼哭声吵醒其他同学，暴露自己产子的事情，于是将卫生纸塞到孩子嘴里并捅至喉咙处。后经法医鉴定，新生儿系异物堵塞气道致机械性窒息死亡。事后，王某因涉嫌故意杀人罪被逮捕。

19 岁的女大学生小敏（化名）暑期打工期间，与一名男子“恋爱”。开学后，小敏发现自己怀孕了。2016 年 6 月 1 日，小敏在父母的陪同下生下一名男婴。为甩掉“累赘”，小敏与其父母一同将刚出生才五天的孩子，遗弃在泰州高港一家超市前的一辆电动车上。事后，小敏及其父母三人因遗弃罪被泰州市高港区人民法院起诉。

2017 年 1 月 9 日晚，安徽省怀远县某村，张某因失恋无处发泄自己的情绪，将自己的父母赶出家门，并放火烧家。事后，张某被警方控制。

在 2016 年高考状元调查报告中，36 名状元中有 9 名状元都曾在高中时谈过恋爱，除一人认为影响学习外，其余 8 人都表示恋爱与学习没有冲突。状元凌子雯（化名）在高三最关键的一年也和同班同学谈起了恋爱，或许因为是女生，她的高中恋情受到老师和家长的多方阻挠。谈及恋爱与学习的协调，凌子雯说：“高中恋爱两个人三观契合很重要。他是一个三观很正的人，我也是。”因此，他们认为，即使谈恋爱，因为有共同的价值观，也不会耽误学习。

动一动

● 上网找找资料

1. 找出你喜欢的描写爱情的文学作品（诗词、小说等）。

2. 采访周围朋友的恋爱观点以及失恋后的处理方法。

想一想

面对爱情，有的人写出了脍炙人口的小说、诗词、电影；有的人却伤害了自己，伤害了别人。你认为爱情是什么？在异性交往方面你有哪些困扰？请你谈一谈。

二、心灵课堂

课堂导读

1. 学生恋爱的动因

（1）性心理原因

职业院校学生年龄一般都在 15～20 岁之间，正处在生理发育的高峰期。生理发育的成熟促使他们渴望并寻求与异性交往，性意识的觉醒唤起他们对美好生活的向往。当遇到自己钟情的异性时，爱慕之情便油然而生。

（2）社会环境原因

影视作品、流行歌曲的影响。近几年，反映青春期恋爱的影视作品日益增多，对学生产生误导作用。

家庭中的某些不良刺激是学生恋爱的催化剂。有的家庭夫妻长期失和，整日为小事争吵不休，或者天天为工作奔波、为钱操劳，往往忽视了亲子之爱，让孩子长期体会不到家庭的温暖，也容易导致学生寻找异性寄托情感。

在学校里，学生男女之间年龄、阅历相似，在共同成长过程中很容易产生感情共鸣。这种相似性强，接触频率高，为学生提供了相互了解和感情交流的机会。

（3）个人心理原因

第一，把异性之间的相互吸引等同于爱情。如“觉得他（她）好”“总希望看到他（她）”“控制不了与他（她）的相处”等。这是把青春期异性的自然吸引当作爱情的典型表现。

第二，学生成绩不理想。一个学生对学习丧失信心，感到毫无乐趣，就会把兴趣和精力转移到其他方面。

第三，由于学习、家庭生活、人际交往等方面受挫而选择恋爱以缓解或抚慰受伤的心，如“与父母谈不拢，但他（她）理解我”在“班上我一无是处，他（她）却是我的抚慰者”等。

第四，盲目的从众心理。“别人能找到对象，我也能行”。这是在从众心理影响下对待谈恋爱的态度。特别是好朋友之间，容易相互“传染”，有时甚至会成为一种炫耀的资本。

2. 爱情与喜欢

社会心理学家鲁宾对爱情和喜欢的关系进行了系统的研究，他发现爱情不是喜欢的一种特殊形式，爱情与喜欢是两种不同的情感。爱情与喜欢的区别主要表现在三个方面：

（1）依恋。卷入爱情的双方在感到孤独时，会高度特异性地去寻找对方来伴同和宽慰，而喜欢的对象不会有同样的问题。

（2）利他。恋爱中的人会高度关怀对方的情感状态，觉得让对方快乐和幸福是自己义不容辞的责任。在对方有不足时，也会表现出高度的宽容。最自我中心、自私自利的人，在恋爱中也会表现出某种理解、宽容、关怀和无私。

（3）亲密。恋爱的双方不仅对对方有高度的情感依赖，而且会有身体接触的需求。

课堂任务

1. 举例说明恋爱有什么特点。

2. 在恋爱中会有哪些困扰，我们要如何面对它们？

课堂新知

1. 学生恋爱的过程

（1）好感阶段：对某个异性产生特殊好感后，爱慕还藏于内心，但开始对其各种行为给予特别关注，并在其面前想尽量把事情做得好一些，以吸引对方对自己的注意和好感。

（2）接近阶段：假借读书、作业、会议、班级工作、文体活动等途径进行接触和交谈。

（3）迷恋阶段：通过各种方式，借助各种手段，如表情、动作、写纸条、写情书、约会等，热烈地表达自己的倾慕之情。

2. 爱情的三角形理论

心理学家认为，爱情是由亲密（重视彼此的喜欢、理解与期待）、激情（魅力与性吸引）以及承诺（决定发展稳定的关系）三因素组成的三角形。如下图：

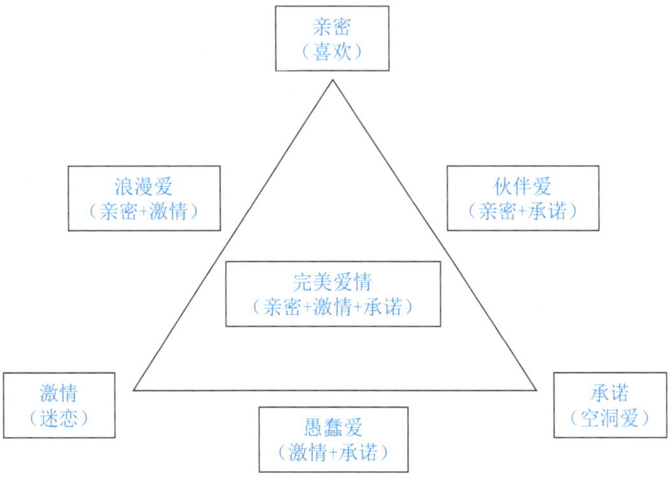

课堂讨论

1. 以小组为单位并派代表，分享你喜欢的爱情诗词或名人名言。

2. 以小组为单位，针对恋爱中的困扰选取一种，讨论应对的方式。

三、心灵回音

想一想，写一写

请思考：

你闭上眼睛静静地思考一下“爱”是什么？这不是课上对爱情的定义，而是你自己的想法。并写下至少 5 条你认为爱的实质，写完后利用课下时间在小组里向大家汇报自己的选择和感受。（比如爱是一种需要；爱是一种信任……）

课后延伸

1. 阅读推荐：《倾城之恋》，作者：张爱玲；《巴黎圣母院》，作者：维克多·雨果
2. 电影推介：《宛如天堂》《西雅图未眠夜》《你的名字》《归来》
3. 心理测试：恋爱观测试

四、心灵感悟

内　容	你的答案（请在括号里打“√”）
1. 你掌握爱情和友情的区别了吗？	是（　）　否（　）
2. 在对待爱情上，你的认识有改变吗？	有（　）没有（　）不清楚（　）
3. 你会利用今天所学来改变自己以前不良的恋爱观吗？	是（　）　否（　）
4. 你认为今天所学对以后的学习和生活有作用吗？	有（　）没有（　）不清楚（　）
5. 本节课，你印象最深的是哪个环节？（写一写）	______________________ ______________________
6. 请对自己的收获进行评价并写下原因。	非常棒😄（　）很好😊（　） 一　般😞（　） ______________________ ______________________

CHAPTER 18 与诚信相守

信任是对他人的尊重，也是对自身的尊重。人与人之间的互相信赖加强了彼此之间的紧密联系，凝聚成更为强大的力量，促进了社会的文明进步。诚实守信的社会需要每一个人的努力与维护。

一、心灵触动

读一读

据2016年新闻报道，山东警方破获案值5.7亿元非法疫苗案，疫苗含25种儿童、成人用二类疫苗。据济南警方初步统计，在长达5年多的时间里，庞某母女低价购入流感、乙肝、狂犬病等25种人用疫苗然后加价售往湖北、安徽、广东、河南、四川等18个省。截止2016年4月各地已立案刑事案件192起，刑事拘留202人。

2016年11月17日晚7时许，63岁的郭某饮酒后骑电动自行车从武汉市硚口区方向上知音桥，雨天路滑，不慎摔倒，头部流血。在武汉工作的重庆男子魏某骑车路过，连忙拨打110、120求助。郭某见到民警，不仅没有对好心人表示感谢，反而将他指为肇事者。民警向围观人员、救护人员多方询问求证，调查走访直至深夜，确认郭某系自行摔伤。

2016年6月21日，成都高升桥南街20号，一位7旬的大爷倒在了小区院子里足足半个小时。李兴会倒垃圾时发现了，他蹲下身，使劲抱起了这位130斤的老人，在旁边的椅子上坐下，稍后又将老人送回了家。6月24日，56岁的李兴会说，自己来自农村，没读过一天书，“看到老人摔倒就要扶”。

2007年4月9日，陈美丽的丈夫扑救山火意外身亡，不仅突然把她丢进孤苦无助的生活困境，还给她留下数万元债务。她原本可以靠丈夫的死亡赔偿金维持一大家子的生计，但“欠账还钱，天经地义”这一信念，使她毅然作出用死亡赔偿金来偿还债务的决定。在一个崇尚诚信的时代里，一位只读过小学的村妇，教给文明社会诚信可以如此朴素，被网友称为“中国最诚实守信的村妇”。

2009 年 2 月 10 日凌晨，南兰高速上发生重大车祸。为抢在大雪封路前给已回武汉的民工发工钱，武汉市黄陂区建筑商孙水林连夜从天津驾车回家，一家五口不幸在车祸中遇难。为替哥哥完成遗愿，弟弟孙东林在大年三十前一天，将 33.6 万元工钱发到 60 多名民工手上。

……

动一动

- **上网找找资料**

1. 找至少一个感动中国的诚实守信事例。

2. 找出诚信的内涵以及至少三条关于诚信的格言或古训。

3. 收集国内外诚信小故事。

想一想

从 2008 年毒奶粉事件到 2016 年假疫苗事件，给你带来的感受是什么？社会上热议的“摔倒老人扶不扶”的问题，你是怎么看待的？看了陈美丽、孙东林兄弟的事件，你有什么感想？谈谈你的思考。

二、心灵课堂

课堂导读

1. 诚信的价值

对个人而言，诚信是一种品质、一种责任、一种高尚的人格力量。对集体而言，诚信是声誉，是财富，是正常的生产生活秩序。对国家而言，诚信是良好的国际形象。诚信是人与人之间维系和谐的纽带，是社会进步的基石。人与人之间只有坦诚互信，才能互助、团结、进步。

信任是对他人的尊重，也是对自身的尊重。人与人之间的互相信赖加强了彼此之间的紧密联系，凝聚成更为强大的力量，促进了社会的文明进步。诚实守信的社会需要每一个人的努力与维护。

以不诚信的行为欺诈他人，最终受损的将是自己。生活中，生产者若不诚信，为获取更大的利润罔顾他人健康安全，一时可能得利，但最终会失去市场，失去消费者。为官者若不诚信，为自己的功名利禄罔顾民意民生民情，一时可能官运亨通，但最终会失去民心，失去官位。诚信是长久利益的源泉，维护诚信需要道德的规范，更需要法制的规范。

诚信不仅会带来经济效益，也会带来巨大的社会效应。诚信是人们应当具备的基本素质之一，诚信观念和诚信行为是文明社会不可或缺的营养素。生活需要诚信，社会呼唤诚信，只有人人诚实守信，才能构建一个善德周行的美好世界。

——摘自唐田田《光明日报》(2014 年 11 月 08 日 08 版)

2. 古代秤杆刻“星”称重 为讲诚信忌用黑色

杆秤，在中国已存在数千年之久。古代的秤是一斤 16 两 (斤和两都是重量单位)，有 16 个刻度，每个刻度代表一两，每一两都用一颗星来表示，叫作“秤星”。

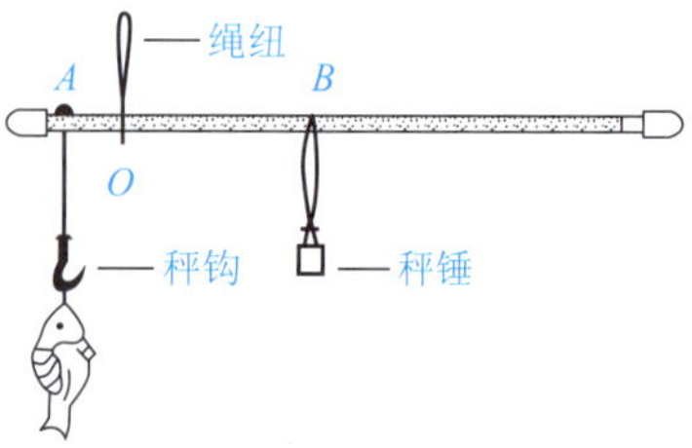

秤星的颜色必须是白色或黄色，不可用黑色，表示用秤做生意的人心地要纯洁，不能昧着良心 (黑心)。秤杆的尾端是福、禄、寿三星，用来告诫生意人要诚实守信，否则，少一两无福，短二两少禄，缺三两折寿。

古代，秤锤称为“权”，如《论语 • 尧曰》集解：

"权，称也。"又《广雅·释器》："锤，谓之权。"及《论语·子罕》曰："可与立，未可与权。"宋朝朱熹集注："权，秤锤也。所以称物而知轻重者也。"另古人称秤杆、秤为"衡"，如《前汉·律历志》曰："衡，平也。所以任权而均物，平轻重也。"另《礼记·经解》曰："犹衡之于轻重也。"注："衡，称也。"因此，秤锤称"权"，秤杆称"衡"，寓意人们做事之前要衡量、评估事物得失轻重。除此还有另一层涵义，如《礼记·深衣》上记载："规矩取其无私，绳取其直，权衡取其平。"这段记载大意是说，符合圆规、曲尺是取其象征公正无私，垂直如墨线是取其象征正直，齐平如秤锤、秤杆是取其象征公平。由此可知，古人视杆秤为公平、公正的象征。做杆秤的关键是能选准定盘星，只要确定好定盘星，就是一把好秤。因此，人们往往把定盘星用来比喻事物的准绳。如宋朝朱熹《水调歌头·雪月雨相映》词："记取渊冰语，莫错定盘星。"秤杆上的十六颗星，其作用不只是衡量物重，更是用来度量人心。无论是做秤、用秤的人，都要公正、公平、公道。因此，杆秤称的不仅是良心，还称出人的诚信、正义，这也正是优良的中华传统文化。

3. 顾伯冲：天道酬诚

诚实，就是忠诚正直、言行一致、表里如一。实在人、老实人真的没有好报吗？其实未必，"天道"还是"酬诚"，付出的真诚一定会有回报的。

天道酬诚，是"天道"使然。《礼记》中讲："德者，得也。""德"与"得"不但发音相同，而且有内在联系和因果关系："德"为"得"之基，"得"是"德"之果。"德"与"得"之间的这种因果关系，可以说是"天道"，即客观规律。有时人们可能会因为讲诚信而被蒙骗、吃亏上当，但从长远看，他所得到的一定会与付出的相称，因为讲诚信会赢得越来越多的信任、理解和支持。反之，不讲诚信、坑蒙拐骗，虽然可能得逞一时，但终将身败名裂。正如一位哲人所说的："诚信和诺言不仅仅是几句话，如果你说了，但是没做到，那它们就是宣告你将失去美好东西的判决书。"

天道酬诚，是"诚"的回报。"赠人玫瑰，手有余香"。投入种子，才会生出根芽；植下树来，才会长出枝叶。同理，对人讲诚信，才会收获他人的诚信与回报。有这样一则寓言：一个农夫不小心把斧头掉进了河里，坐在河边伤心地哭起来。财神路过此处，帮他打捞出一把金斧头。农夫摇头说："这不是我的斧头。"财神继续打捞，一会儿又捞出一把银斧头，农夫又摇了摇头。最后，财神打捞出一把铁斧头，农夫高兴地说："这才是我的斧头。"财神觉得这个农夫很诚实，就把金斧头和银斧头一并送给了他。一个很贪心的人闻知后也模仿这个农夫，并一口咬定金斧头是他掉的，结果连自己的铁斧头也失去了。这则寓言说明了一个深刻的道理：只有诚实的人，才能得到好的回报。

天道酬诚，是人心所向。诚实之人，人皆敬之。希望诚实的人能得到好的回报，是绝大多数人的共识。虽然在现实生活中有些人因“诚”吃了些亏，有些人因“诈”得了些利，但人们心里有杆秤，希望诚实守信成为社会的“显规则”。君不见：每当社会或个体遇到天灾之时，无数颗真诚的心总是紧紧地连在一起，展现出人性之美；每当出现影响较大的人祸之际，公众舆论和新闻媒体总是迅速地扬善抨恶、褒优贬劣，展示了正义的力量。因而，天道酬诚的道理在现实生活中是有深厚的思想基础和群众基础的。

江河奔腾，泥沙俱下。当前的“诚信危机”对社会价值观形成了严峻挑战。但只要我们都对讲诚信者怀有崇敬之意、效法之心，诚信就会逐渐成为一种风尚，社会就一定能更加诚信起来。这需要我们有“不畏浮云遮望眼”的胸襟与眼光，需要我们坚守“天道酬诚”这个人间正道。

——摘自《人民日报》(2013 年 10 月 28 日 07 版)

课堂任务

1. 通过老师的讲解，你对“诚信”的认识有哪些？

2. 在课堂上同学分享的哪个故事让你印象深刻？说说你的理由。

课堂讨论

在《扶不扶》的辩论中，有哪些观点支持我们要坚持弘扬“诚信”？

三、心灵回音

读故事，谈感想

两家企业的故事

故事一：“炮制虽繁必不敢省人工，品味虽贵必不敢减物力”，这是同仁堂延续三百多年、打造诚信中医药的“堂训”。

在澳大利亚悉尼市中国城附近，有一家名气不小的药店，店铺门口高悬“北京同仁堂”金字牌匾，这个中国百年老字号，在这里已经开了10年。每天进进出出的，除了当地华人华侨外，也有不少金发碧眼的白人，在悉尼市，同仁堂已经开设了3家分店。

澳大利亚的医疗政策也将中医药考虑在内，不仅把中医药纳入医保体系，澳大利亚的中医师、中药师以及针灸师，还可以通过政府的认证、注册，正规执业。

截止2015年4月，同仁堂在海外已开设零售终端107家、海外医疗机构60家，遍布在20多个国家和地区，为超过3000万患者提供过诊疗服务。同时，同仁堂生产研发基地成功通过国际最高标准ISO22000的认证。

2015年，同仁堂走向海外，正在准备攻克更难的市场。面对欧美市场更为严峻的国际市场准入门槛和英国已全面禁售未经注册的中成药的禁令，同仁堂将继续用诚信和创新，叩开欧美市场的大门。

故事二：2001 年 9 月，南京某知名食品企业被中央电视台揭露用陈馅做月饼，事件曝光后该公司接连受到当地媒体与公众的批评。面对即将掀起的产品危机，作为一向有着良好品牌形象的老字号企业，南京某公司却做出了让人不可思议的反应：既没有坦承错误、承认陈陷月饼的事实，也没有主动与媒体和公众进行善意沟通、赢得主动，把危机制止在萌芽阶段，反而公开指责中央电视台的报道蓄意歪曲事实、别有用心，并在没有确切证据的情况下振振有词地宣称“使用陈陷做月饼是行业普遍的做法”。这种背离事实、推辞责任的言词，激起一片哗然。一时间，媒体公众的猛烈谴责、同行企业的严厉批评、消费者的投诉控告、经销商退货浪潮……令事态开始严重恶化，也导致该公司最终葬身商海。

同是百年老店，为什么同仁堂会名扬四海、生意兴隆，而南京的某公司会声誉扫地、申请破产呢?

____

____

____

____

课后延伸

1. 课后合作完成一份“呼唤诚信，共筑诚信”的承诺书，在班长带领下完成签字并宣誓。

2. 情境对对碰

（1）2017 年 1 月，山东滨州 70 岁的环卫工人程建新在回家路上丢失了自己辛苦工作三个月挣来的工资。这件事被转发到朋友圈后，迅速引发了网友关注，有网友自己凑好钱后，假装捡到了老人的工资，“送还”老人。你如何看待这里的“不诚信”？

____

____

____

____

（2）假如临近考试了，你看见你的好友没有认真复习。当你提醒他的时候，他说到时候抄抄你的。这时，你如何做？

____

____

____

____

四、心灵感悟

内　容	你的答案（请在括号里打“√”）
1. 对于诚信，你会身体力行吗？	是（　）　否（　）
2. 对诚信的重要性认识上，你有提升吗？	有（　）没有（　）不清楚（　）
3. 你会利用今天所学来保持自己以前诚信的习惯吗？	是（　）　否（　）
4. 你认为今天所学对以后的学习和生活有作用吗？	有（　）没有（　）不清楚（　）
5. 本节课，你印象最深的是哪个环节？（写一写）	________________ ________________
6. 请对自己的收获进行评价并写下原因。	非常棒😄（　）很好😊（　） 一　般😞（　） ________________ ________________

CHAPTER 19 时间都去哪儿了

“世界上最快而又最慢、最长而又最短、最平凡而又最珍贵、最易被忽视而又最令人后悔的就是时间。”

——高尔基

你还记得那些珍惜时间的格言和古谚吗？在学习和生活中，你真的在珍惜时间吗？你是否曾经觉得时间不够用，是否想过怎样合理安排自己的时间？

一、心灵触动

读一读

寒号鸟

“明日复明日，明日何其多，我生待明日，万事成蹉跎！世人若被明日累，春去秋来老将至，朝看水东流，暮看日西坠，百年明日能几何？”

这首《明日歌》讲述着一个期待明天，而让今日闲过的故事。听寒号鸟微弱的叫声，大严冬中响起：“寒风冻死我，明日就垒窝。”

秋风萧瑟，严冬即将来临。寒号鸟冻坏了，于是它说：“寒风冻死我，明日就垒窝。”天亮了，看看暖暖的阳光，它想：还是先享受吧，明天再开始垒窝吧。又到了晚上，“寒风冻死我，明日就垒窝。”寒号鸟又开始叫了。但是第二天它看到太阳公公在微笑，又不动了……日子一天天地流逝了，寒号鸟始终没有履行自己的诺言，仍旧扑打着翅膀在寒风中念叨着：“寒风冻死我，明日就垒窝。”很快冬天来了，寒号鸟已被冻得奄奄一息了，但嘴里还在微弱地喊着“寒……风……冻……死我，明日……”。

是啊！时间是最公正的裁判，不管你是富有的还是贫穷的，都会公平地分配给你大好的时光，一年三百六十五天，一天二十四小时，八万六千四百秒，不多不少，就看你如何合理安排了。也许有人会在一天里创造出一项伟大的发明或是研究探讨出一种新的元素，也许有人会在一天里碌碌无为、虚度时光。那怎样才能做到珍惜时间呢？那就要勤勉了，不让一天闲过，每时每刻做些有用的事，戒掉一些不必要的行动。这样你才会成为时间的主人，时间也才会对你微笑。

动一动

- **上网找找资料**

1. 找一个名人珍惜时间的事例。

2. 找三条关于珍惜时间的格言。

想一想

为什么有些人喜欢拖拖拉拉，当天的事情不能当天完成？

二、心灵触动

课堂导读

1. 时间“四象限”法

时间“四象限”法是美国管理学家科维提出的一个关于时间管理的理论：把工作按照重要和紧迫两个不同的程度进行划分，基本上可以分为四个“象限”。以下是关于四个象限的具体说明，如图 1 所示。

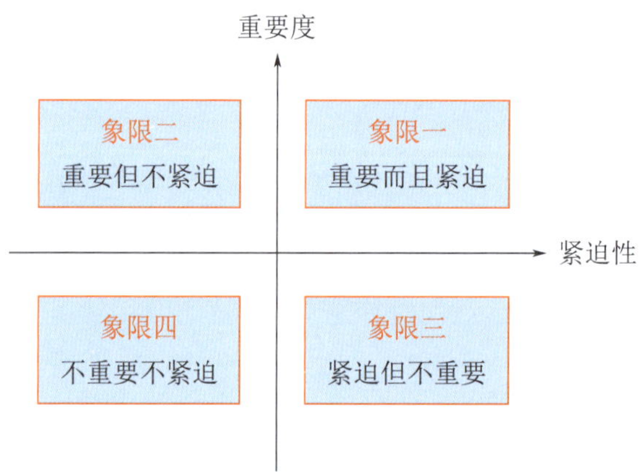

图 1

只要你坚持不懈地对那些紧迫但不重要（象限三）和不紧迫也不重要（象限四）中的事情说“不”，你就会为象限二（重要但不紧迫的事情）赢得时间，而当你能够有更多的时间处理好象限二中的事情的时候，你就正在把象限一（紧迫重要）变得非常小。

有个成语叫“未雨绸缪”，实际上就是让你去重视处理好象限二（重要但不紧迫）中的事情。

2. 记日记，做规划

按照重要和紧急两个象限如何进行时间管理？只需要三步即可：**回顾记录你的昨天，把握好你的今天，规划好你的明天！**如图 2 所示。

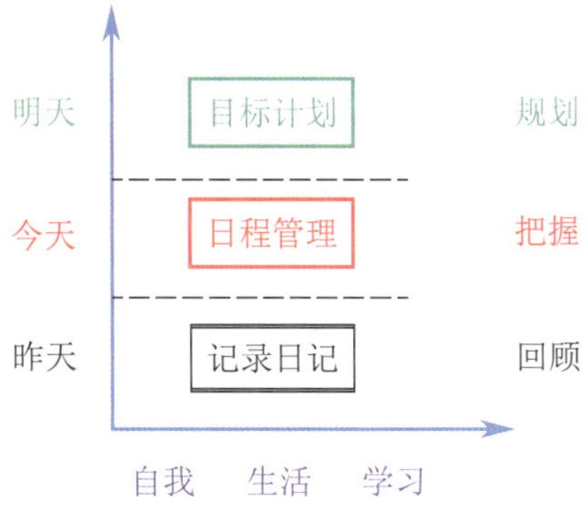

图2

课堂任务

1. 小组合作出一组题目，大家一起判断哪些是既重要又紧迫的事情？

例如：

（1）马上要上课了，但是王者荣耀的任务没有完成，打算把手机带到教室继续玩。（不紧迫也不重要）

（2）今天下午的实训课要求穿实训服，但你的实训服忘了洗，很脏，打算现在送到洗衣店加急洗干净。（紧迫但不重要）

（3）上课时，某同学突然晕倒，你赶紧和同学去医务室找医生。（重要且紧迫）

（4）还有两天就要考试了，但你还没复习好，打算这两天停止参加校篮球队的日常训练，认真备考。（重要且紧迫）

2. 时间的分配——制作时间馅儿饼

假如下面的时间馅儿饼是我们的时间分配情况，左图是周一到周五，右图是周六日，每个饼图代表一天的 24 小时。请大家按照自己平时的时间分配情况，按比例画好饼图。（示例：教师自己的时间分配饼图，见 33 页附图。）

【目的】帮助个人具体、客观、系统地分析自己的时间分配。

【步骤】（1）根据班级情况将成员分成若干小组，5~7 人一组。

（2）每人在纸上画上自己的时间馅饼图。估计自己各项活动所占用的时间，按比例加以分割（画在图 3 中）。

（3）成员报告自己的时间分配表，比较自己与他人的不同，在小组内讨论。

（4）小组成员一起讨论，绘制一张理想的时间馅儿饼图。

（5）分享：在这个活动中，你有什么感受，请与大家分享。

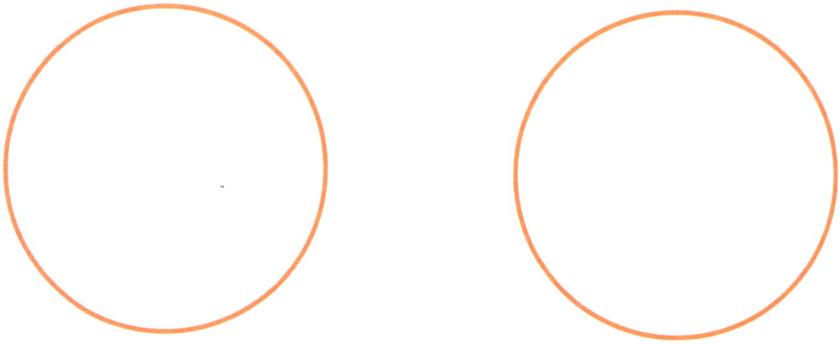

图 3

课堂讨论

在你理想的生活安排中，哪些是生活的重心，你对目前的状态满意吗？你希望在哪些方面花更多的时间？你希望在哪些方面减少花费的时间？你能否采取行动，改变目前的时间馅儿饼，使它更接近理想中的时间馅儿饼？打算如何采取行动？

三、心灵回音

读故事，谈感想

农夫的故事

有位农夫，一大早起身去喂牛。在前往谷仓的途中，他看到昨晚忘了放好的斧头，于是就拾起了斧头，走向工具棚。走着走着他忽然看到梨树正遭受蜘蛛的侵袭，于是放下了斧头去寻找纸张，想用纸点火将这虫烧死。当他前去取纸的时候，想起镇上有场买卖，而他又极想参加，于是转身要去开卡车。可是就在他开车门时又发现门上的一根枢纽松了，于是又回去拿槌子。因此，一整天他在这种一心数念的驱使下一事无成。

你是不是觉得自己有些时候也和农夫一样，在一些不值得的事情上花费了大量的时间和精力呢？请把想到的列举下来，想想以后如何避免这种情况。

____

____

课后延伸

1. 阅读推荐：《番茄工作法图解》，作者：[瑞典] Staffan Nöteberg

2. 电影推介：《时间规划局》美国。

3. 什么是时间？

科学的物理时间概念

年

月

日

时

分

秒

哲学家的定义

时间是物质运动的顺序性和持续性，其特点是一维性，是一种特殊的资源。时间管理的三大观念分别是时间观念、效率观念和效能观念。

洗手的时候，日子从水盆里过去；吃饭的时候，日子从饭碗里过去；默默时，便从凝然的双眼前过去。我觉察他去的匆匆了，伸出手遮挽时，他又从遮挽着的手边过去，天黑时，我躺在床上，他便伶伶俐俐地从我身上跨过，从我脚边飞去了。等我睁开眼和太阳再见，这算又溜走了一日。我掩着面叹息，但是新来的日子的影儿又开始在叹息里闪过去了。

——朱自清

四、心灵感悟

内　　容	你的答案（请在括号里打“√”）
1. 你掌握基本的时间管理方法了吗？	是（　　）　否（　　）
2. 在管理自己的时间上，你有提升吗？	有（　　）没有（　　）不清楚（　　）
3. 你会利用今天所学来改变自己以前浪费时间的习惯吗？	是（　　）　否（　　）
4. 你认为今天所学对以后的学习和生活有作用吗？	有（　　）没有（　　）不清楚（　　）
5. 本节课，你印象最深的是哪个环节？（写一写）	________________ ________________
6. 请对自己的收获进行评价并写下原因。	非常棒😁（　　）很好😊（　　） 一　般😞（　　） ________________ ________________

附：

周一至周五时间馅饼图（单位：小时）

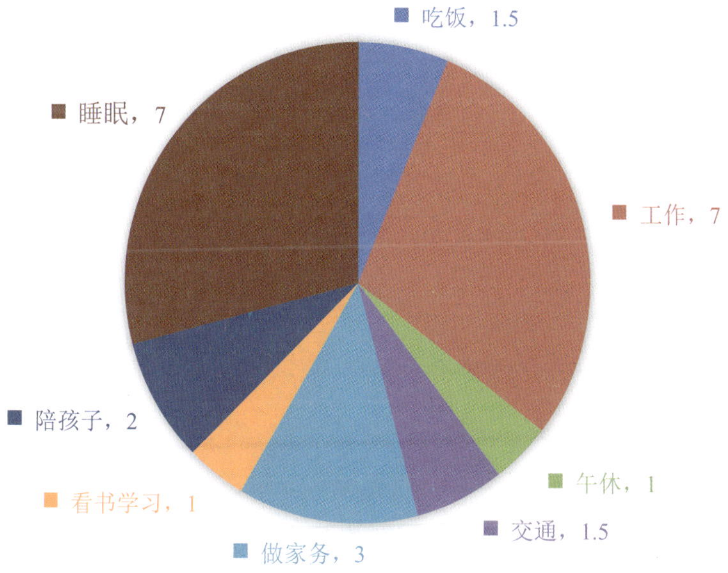

周一至周五时间馅饼图（单位：小时）

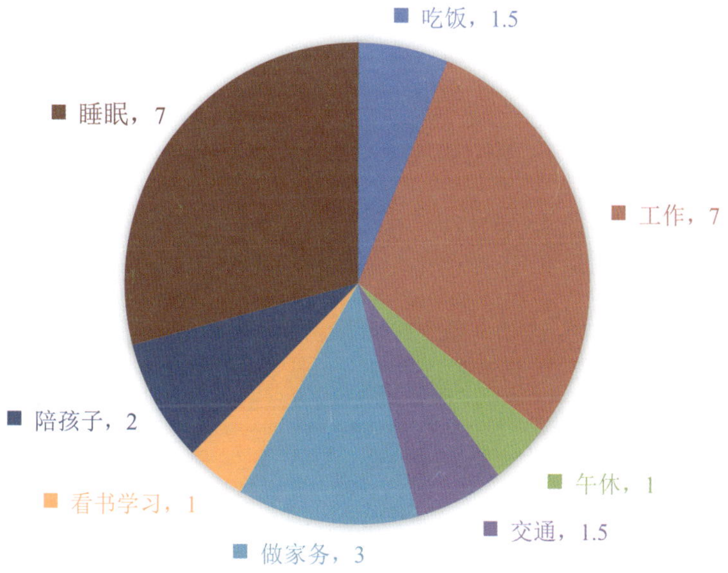

CHAPTER 20

做情绪的主人

忍一时风平浪静，退一步海阔天空。

两个人从监狱的窗口往外看，一个看到了烂泥，一个看到了星星。

一份快乐，两个人分享，就变成了两份快乐；一个痛苦，两个人承担，就变成了半个痛苦。

在我们的现实生活中，同学们是否有过这样的体验：有时精神百倍、兴高采烈、事事顺心；有时没精打采、提不起兴趣；有时自己能理智地处理问题，有时却会不冷静，很冲动。这是什么原因呢？这种左右你的力量又是什么呢？

这就是情绪。在我们的日常生活中，随时随处都会有情绪存在，一切活动都会打上情绪的印迹。

一、心灵触动

读一读

击倒世界冠军的苍蝇

1965 年 9 月 7 日，世界台球冠军争夺赛在纽约举行。路易斯十分得意，因为他远远领先对手，只要再得几分便可登上冠军的宝座了。然而，正当他全力以赴拿下比赛时，发生了令他意料不到的事：一只苍蝇落在台球上。这时的路易斯没在意，一挥手赶走苍蝇，俯下身准备击球。可当他的目光落到主球上时，发现这只可恶的苍蝇又落到了主球上。在观众的笑声中，路易斯又去赶苍蝇，情绪也受到影响。然而，这只苍蝇好像故意要和他作对，他一回到台盘，它也跟着飞了回来，惹得在场的观众放声大笑。路易斯的情绪恶劣到了极点，终于失去了冷静和理智，愤怒地用球杆去击打苍蝇，不小心球杆碰动台球，被裁判判为击球，从而失去了一轮机会。本以为败局已定的竞争对手约翰见状勇气大增，最终赶上并超过路易斯，夺得了冠军。路易斯沮丧地离开了。第二天早上，有人在河里发现他的尸体，他投水自杀了。

路易斯并不是没有能力拿到世界冠军，可眼看金光闪闪的奖杯就要到手时，他却暴露了心理方面的致命弱点，对待影响自己情绪的小事不够冷静和理智，不能用意志来控制自己，最终失掉了冠军甚至生命。

动一动

描述“情绪”的词语有很多，把你能想到的都写出来吧。

想一想

采访一下身边的同学，当遇到情绪问题的时候，会如何进行调节。把你认为有效的，适合自己的写下来。

二、心灵课堂

课堂导读

情绪有很多，我们可以简单地分成两类：把诸如兴奋、喜悦等可以促进人积极地行动的情绪，称为积极情绪。把诸如抑郁、悲伤、过分紧张等可能削弱人的活动能力的情绪，称为消极情绪。

积极情绪和消极情绪分别对人有不同的影响：

1. 影响个人智力的发展

科学研究表明，精神愉快、情绪乐观积极的儿童，活泼伶俐，智商较高；而情绪忧郁、悲观、消极的儿童，表情呆滞、性情孤僻、智商较低。

2. 影响人的身体健康

科学研究还告诉我们，人的许多疾病都与情绪因素有关。

美国作家卡森，曾患重病，医生预言他存活的可能性是 1/500。卡森就常读幽默小说，看滑稽电影，坚持"笑疗"，病情不断好转，几年后竟恢复了健康。

3. 影响人的理智和正常水平的发挥

资料一：1980 年 8 月 11 日，在贵州一山区车站，一长途汽车司机正在车顶帮乘客装行李，刹车突然失灵，客车滑向路边山崖，司机及车上 40 多名乘客不知所措，眼看就要断命山崖。这时，一个小孩蹦到驾驶座踩住了刹车并露着稚气的微笑。小孩的镇定和果断行动挽救了一车不知所措的成年乘客。

资料二：项羽在垓下坡被刘邦围困。刘邦让士兵唱楚歌(即项羽士兵故乡的歌)。结果项羽大惊，以为刘邦已夺去许多楚地，掳楚人来打仗。楚军中原来的斗志昂扬转为哀伤、悲凉、忧思、思乡、惊恐等消极情绪，军心大乱，最后项羽惨遭失败。

课堂任务

1. 以小组为单位，用大海报纸写出尽可能多的有关"情绪"的词语。最后贴在大白板上展示出来。

2. 思考问题：如何把情绪进行分类?

课堂讨论

技能证考试成绩出来了，你考了 58 分，以你平时的成绩，考 60 分合格是没有问题的。

提问：当你知道成绩后，你的想法是什么？你的情绪和行为反应是什么？请进行小组分享和讨论，看看每个人的想法和情绪反应是否有什么不同。

A (事件)	B (想法)	C (情绪)	C' (行为)
技能证考试 58 分	同学 1：		
	同学 2：		
	同学 3：		

续表

A（事件）	B（想法）	C（情绪）	C'（行为）
技能证考试 58 分	同学 4：		
	同学 5：		
	同学 6：		
	同学 7：		

课堂新知

1. 情绪 ABC 理论[1]

情绪 ABC 理论中由美国心理学家埃利斯创建的：A 表示事件，B 表示个体对事件的解释和评价，C 表示情绪和行为。

该理论认为事件只是引发情绪和行为的间接原因，而影响情绪的直接原因则是个体对所发生事情的解释和评价。因此即使发生的事情相同，若我们所持的信念不同，便会产生不同的情绪反应，所以艾利斯认为人应该为他们的情绪负责，因为情绪是由他的想法制造出来的。

埃利斯认为：正是由于我们常有的一些不合理的想法和信念才使我们产生情绪困扰。如果这些不合理的信念存在，久而久之，还会引起情绪障碍呢。

2. 不合理信念[2]

不合理信念就是个体内心中不现实的、不合逻辑的、站不住脚的信念。不合理信念的三个特征：绝对化要求、过分概括化和糟糕至极。

（1）绝对化要求。即从自己的意愿出发，认为某事一定会发生或一定不会发生，喜欢用“应该”“必须”等词语。

比如：“我必须获得成功”“别人必须很好地对待我”“生活应该是很容易的”等等。怀有这样信念的人极易陷入情绪困扰中，因为客观事物的发生、发展都有其规律，是不以人的意志为转移的。

（2）过分概括化。这是一种以偏概全、以一概十的不合理思维方式的表现。它常常把“有时”“某些”过分概括化为“总是”“所有”等。典型特征是以某一件或某几件事来评价自身或他人的整体价值。

比如：“我就是一个失败者，我就是一个一无是处的人”“全世界的人都不喜欢我”“你没有一件事能办得好”“你从来没有关心过我”。其结果常常会导致自责自罪、自卑自弃的心理及焦虑和抑郁情绪的产生，或者导致一味地责备他人，以致产生敌意和愤怒等情绪。

（3）糟糕至极。认为如果某一件不好的事情一旦发生，其结果必然非常可怕、糟糕至极，是灾难性的。现实中的不少人，遭受了一次挫折和失败，就怀疑自己的能力，碰到一次倒霉的事就认为自己是天底下最倒霉的人。

比如："我没考上大学，我完蛋了""我没当上部长，我没有前途了""……我死定了"。这将导致个体陷入极端不良的情绪体验如耻辱、自责自罪、焦虑、悲观、抑郁的恶性循环之中，而难以自拔。

三、心灵回音

读故事，谈感想

老奶奶的两个儿子

从前，有一位老奶奶，她有两个儿子，大儿子卖雨伞，小儿子卖布鞋。天一下雨，老奶奶就发愁说："唉，下雨了，我小儿子的布鞋还怎么卖呀！"天晴了，太阳出来了，老奶奶还是发愁说："唉，看这个大晴天，哪还会有人来买我大儿子的伞呀！"就这样，老奶奶一天到晚老是愁眉不展，吃不下饭，睡不好觉。邻居见她一天天衰老下去，便对她说："老奶奶，你真是好福气呀！一到下雨天，你大儿子的雨伞就卖得特别好，天一晴，你小儿子布鞋特别畅销，这样不管天晴还是下雨，您两个儿子都有生意做，真让人羡慕呀！"老奶奶一想也对，从此以后，老奶奶就不再发愁了，整天乐呵呵的。

1. 老奶奶的情绪前后发生了怎样的转变?

2. 老奶奶情绪的变化说明什么?

3. 当你陷入消极情绪时，你会怎么办？

课后延伸

1. 知识补充：《食物与情绪》
2. 心理自测：《情绪稳定性测验》

四、心灵感悟

内　　容	你的答案（请在括号里打“√”）
1. 你对情绪有更深刻的认识了吗？	是（　）　否（　）
2. 你掌握情绪 ABC 理论了吗？	有（　）没有（　）不清楚（　）
3. 你掌握了情绪的调节方法了吗？	是（　）　否（　）
4. 你认为今天所学对以后的学习和生活有作用吗？	有（　）没有（　）不清楚（　）
5. 本节课，你印象最深的是哪个环节？（写一写）	________________ ________________
6. 请对自己的收获进行评价并写下原因。	非常棒（　）很好（　） 一　般（　） ________________ ________________

CHAPTER 21

阅读习惯

书犹药也，善读之可以医愚。

——刘向

读书，是一个陪伴我们长大的话题。有时父母嘉许的一句话语、同学羡慕的一个眼神，都可以成为我们读书的动力。但是，也有些同学一提到看书就觉得头昏脑涨，觉得书中的那些繁琐琐的语句、冗长的故事情节不如看电视来得直截了当，不如听音乐来得轻松自在。

同学们，你们有没有试过，在一个幽静的下午，沏上一杯热茶，坐在沙发上独自沉浸于书的海洋，那可真是一种高雅的享受啊！

读书，一可以养心、二可以怡情、三可以增趣、四可以益智。同学们，让我们从此与书籍亲近起来，充分享受阅读的快乐吧。

一、心灵触动

读一读

《关于阅读的调查问卷》（单选，直接在答案下画横线标注）

1. 在课外你认为自己的生活是什么样子？

A. 忙碌的，有计划的　　B. 充实的，有意义的

C. 轻松的，随意的　　D. 无所谓，没想过

E. 说不清　　F. 很无聊，空虚

2. 你认为有没有足够的时间去阅读课外书？

A. 有　　B. 没有

3. 你认为课外应花大量时间去读学术书，应用类书籍吗？

A. 应该　B. 不应该　C. 没想过

4. 你每天花多长时间去读课本以外的书籍？

A. 6 小时以上　B. 4～6 小时

C. 1～4 小时　D. 1 小时以下

5. 你对课外书的看法是怎样的？

A. 特喜欢，想看就看　B. 较喜欢，有选择性地看

C. 一般，看不看都行　D. 不喜欢，没意义

6. 你觉得比阅读更有意思的事情有哪些？

A. 上网　B. 游戏　C. 聊天

D. 运动　E. 听音乐　F. 其他

7. 你平均每学期用于购买课外书的消费有多少？

A. 20 元以上　B. 10～20 元

C. 5～10 元　D. 5 元以下

8. 除课本外你每年看课外书的数量是多少？

A. 5 本以下　B. 5～10 本

C. 10 本以上

9. 当前你读课外书的主要目的是什么？

A. 备考　B. 扩大知识面

C. 充实自己　D. 兴趣

E. 其他

10. 你对学生课外阅读的态度是怎样的？

A. 应该多读书

B. 读不读都一样

C. 读那么多没用，各种考试通不过还是白搭

11. 你认为课外阅读对自己的帮助大吗？

A. 很大　B. 一般

C. 不大　D. 没有

12. 你认为当前影响你读课外书的原因是什么？

A. 没时间　B. 没兴趣

C. 不善于阅读　D. 其他原因

13. 你主要通过何种途径了解国内外大事？

A. 上网　B. 读书看报

C. 看电视　　D. 听收音机

14. 你最喜欢的课外读物是哪类

A. 文学类书籍　　B. 娱乐消遣类

C. 应用技术类　　D. 专业用书

E. 科普读物

15. 在业余生活中，你对哪一种形式的活动更感兴趣?

A. 上网　　B. 读课外书

C. 看电视，听广播　　D. 参加体育活动

E. 其他

请根据自己的实际情况认真填写好上面的调查问卷，并完成下面的统计表:

A	B	C	D	E	F
____题	____题	____题	____题	____题	____题

动一动

- **上网找找资料**

1. 有关犹太人阅读的资料:

____

____

____

____

____

2. 有关国外中学生的阅读量的资料:

____

____

____

____

____

想一想

1. 我算不算得上是一个有阅读习惯的人？为什么？

____

____

____

____

____

2. 我最喜欢读的一本书是《________________》，我从中得到的快乐在于：

____

____

____

____

____

二、心灵课堂

课前准备

各组组长负责搜集“我最爱读的一本书”的资料，准备完成手抄报。

课堂任务

（一）问卷分析

调查问卷的数据统计及分析

各组组长对本组的调查问卷进行数据统计（见下表），派代表发言，谈谈本组阅读习惯的总体情况及对它的分析。

A	B	C	D	E
____题	____题	____题	____题	____题

（二）对比思考

对国内外民众阅读现象异同的思考

聆听教师介绍国外民众对于阅读的兴趣、爱好和习惯，对比身边的有关现象，各小组代表积极发言，谈谈对比后的思考意见。

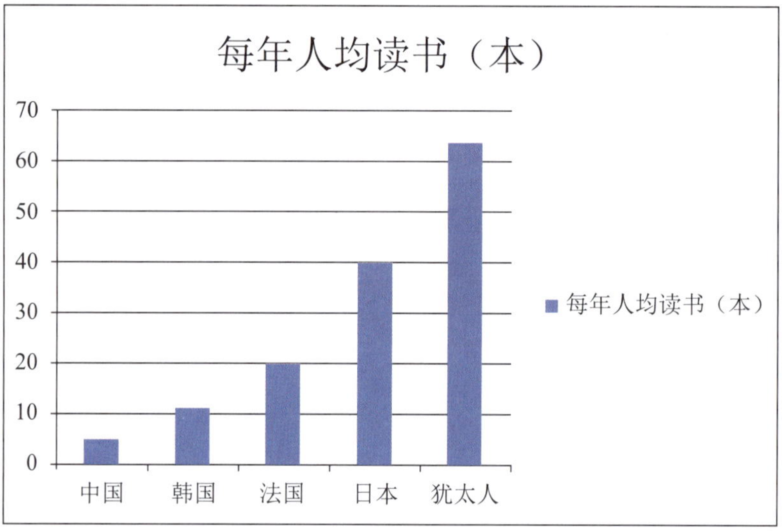

课堂讨论

（一）观看视频《王安忆：阅读量小影响学生审美和判断》

积极思考，各组代表发言，谈谈自己的观感：为什么我国存在“学生阅读量小”的问题？

（二）观看《鲁豫有约：阅读的乐趣》（2016-05-13）的视频

认真观看，积极思考，联系自我实际畅所欲言谈感想。

（三）观看《爱书爱阅读的犹太人》《犹太人的成就》等 PPT

认真观看，积极思考，各组代表积极发言，思考并回答老师的随机提问。

（四）观看有关介绍打游戏弊端的 PPT

认真观看，积极思考并回答：

你曾经有过沉迷游戏的经历吗?

长时间打游戏后身体感觉如何?

每月打游戏最多的花费是多少?

现在后悔当时的疯狂吗?

（五）聆听老师的总结，畅所欲言谈参与本次活动的感悟。

三、心灵回音

我思我写——小组竞写感悟

【活动准备】活动主持人发给各组彩色卡纸。

【活动要求】各小组用卡纸制作一张书签，并书写有关读书感悟。

读故事，谈感想

鲁迅在南京江南水师学堂读书时，因考试成绩优异，学校奖给他一枚金质奖章。他没有将此作为炫耀的凭证，而是拿到鼓楼大街把它卖了，买回几本心爱的书和一串红辣椒。每当读书读到夜深人静、天寒体困时，他就摘下一只辣椒，分成几片，放在嘴里咀嚼，直嚼得额头冒汗，眼里流泪，嘴里“唏唏”，顿时，周身发暖，困意消除，于是又捧起书攻读。

鲁迅读书的故事对你有什么启发？找一找自己与他的差距在哪里。

____

____

____

课后延伸

1. 自行学习打印材料《阅读的方法》。
2. 每组完成一份手抄报，主题是“我最爱读的一本书”，交由活动主持人收集。
3. 阅读推荐：《杜拉拉升职记》，作者：李可

4. 爱心提示：

真的很喜欢读书的感觉，当然不是那种为了考试的仓促应付，而是在某个下雨的午后，或是静寂的深夜，泡一杯清茶，读一本好书。在静谧的小屋里，感受或清丽，或脱俗，或哲思的文字带来的美丽，醉心于文学的广袤深邃。看得入神时，便会忘记周遭一切，什么雨啊，月啊，茶啊的，通通抛诸脑后了。不过古人好像对读书的形式大有讲究，于情调意境，甚为看重。所谓“读易松间、谈经竹下”，“读书于雨雪之夜”“雪夜闭门读禁书”，便是此意。甚至还规定出要在什么时节读什么书才合“时宜”：“读经宜冬，其神专也；读史宜夏，其时久也；读诸子宜秋，其致别也；读诸集宜春，其机畅也。”有人读书前还要焚香沐手，可见对读书的重视程度。而欧阳修的读书三上“枕上、马上、厕上”则让人莞尔。

四、心灵感悟

内　　容	你的答案（请在括号里打“√”）
1. 你是否感觉到阅读的重要性了？	是（　）否（　）不清楚（　）
2. 你会不会腾出玩游戏的时间来阅读？	会（　）不会（　）不确定（　）
3. 你会不会考虑去书店买心仪的书籍？	会（　）不会（　）不确定（　）
4. 你认为今天所学对以后的学习和生活有作用吗？	有（　）没有（　）不清楚（　）
5. 本节课，你印象最深的是哪个环节？（写一写）	______________________ ______________________
6. 请对自己的收获进行评价并写下原因。	非常棒😄（　）很好😊（　） 一　般😞（　） ______________________ ______________________

CHAPTER 22 文明上网

互联网的发展，正在改变着人们的工作、学习和生活方式，它不仅丰富了信息资源，而且提供了无限的空间和时间。习近平主席向首届世界互联网大会致的贺词中提到："互联网真正让世界变成了地球村，让国际社会越来越成为你中有我、我中有你的命运共同体。"1994 年的 4 月 20 日，中国通过一条 64K 的国际专线，全功能接入国际互联网，中国互联网时代从此开启。 如今，互联网接入中国已经整整 20 多年。从发出第一封电子邮件，到 QQ、微信等即时聊天工具的风靡；从使用搜索引擎，到实现数据云存储成为个人网络资料库；从使用论坛参与社会话题讨论、分享个人生活经历，到网上购物、微博的普及……互联网给我们的生活带来诸多便利，同时也带来了一些新的社会问题，如"网络孤独症""电子产品依赖症""网络诈骗"……

一、心灵触动

读一读

2015 年，成都发生"路怒男"暴打"别车女"事件。不久之后，当事人的私人资料被网友们"人肉搜索"出来，不仅车牌号被曝光，大量未经证实的违规行车记录、酒店开房记录、家庭住址、工作单位等个人隐私信息也都被"晒"在网上。此事的网络评论一波三折、峰回路转，一度将被打女子推到了风口浪尖上。

2014 年，16 岁的沈阳女孩徐某通过网络交友认识了海城男子王某，沉迷网恋后因遭父母反对而决定与男友私奔。不料到海城后被王某取走了身份证、手机及所有的现金。徐某欲离开却遭到了王某禁锢。徐某回忆说："他开始打我，用手把我捂昏了，等我醒来之后发现我全身赤裸，嘴被人用毛巾和胶带封住，手脚也被绑住了。”徐某被非法拘禁了15天。最终在一次外出时，满身是伤的徐某跑到一家商铺，经店主报警，逃出“魔窟”。

2013年，美国佛罗里达州12岁初中女孩丽贝卡·塞德威克曾遭受长达1年的折磨，“施暴者”正是她的同学。“你应该喝漂白剂去死”“没人喜欢你”“你应该自杀”……丽贝卡的社交网站个人页面上，类似这样恶意攻击她的留言层出不穷，这些流言大多出自她的两名12岁和14岁的女同学之手。不堪承受巨大精神压力的丽贝卡，爬到学校附近一座废弃水泥厂的顶层，纵身跳下，结束了自己年轻的生命。

2012年，湖北省荆门市发生了一起杀人案件。原本品学兼优的十五岁少年秦某迷恋上了网络游戏。因家贫无钱到网吧上网，一天晚上他偷偷跑到同学李某家盗窃，并惊醒了同学的弟弟。唯恐事情败露，他铤而走险，杀死了同学年仅五岁的弟弟，并毁尸灭迹，手段极其残忍，让人触目惊心。

……

动一动

● 上网找找资料

1. 查找一个近期发生的青少年因网瘾而导致犯罪的案例。

2. 查找一个因网络暴力导致严重后果的案例。

3. 试列举当前青少年不文明上网的十种行为：

序　　号	不文明上网的行为
1	
2	
3	
4	
5	
6	
7	
8	
9	
10	

想一想

1. 阅读漫画《网络时代的猫咪》并回答以下问题。

（1）《网络时代的猫咪》这幅漫画反映了怎样的社会现象？

（2）他们应该约会吗？为什么？

（3）如果你在现实生活中遇到类似的问题，可向谁求助？

（4）为了能享受健康网络交往带来的乐趣，你将学会怎样自我保护？

2. 对漫画《互控》的正确理解是__________（单选题）。

A. 青少年不应接近网络。

B. 玩电脑游戏是一种严重违法行为。

C. 青少年沉迷电脑游戏不影响学习。

D. 青少年应充分利用网络优势，做网络的主人。

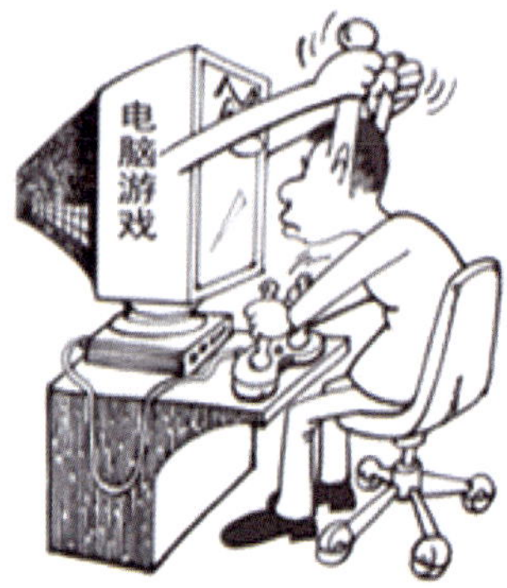

3. 动脑想想自己。

（1）你曾遭受过不文明上网行为的打扰或侵害吗？如有，请举例说明。

（2）你曾参与过不文明上网行为吗？如有，请举例说明。

（3）你曾试过一天上网时间超过 6 小时吗？如有，你认为长时间上网对身体健康有害吗？

二、心灵课堂

课堂导读

1．认识网络的利与弊：

当今世界是一个信息化的时代，信息技术的发展，使人们的学习和交往打破了时空界限。近年来，随着信息技术的普及与发展，网络正以神奇的速度介入我们的生活，对我们当前的学习、工作以及今后的发展都产生着积极的、极其重要的影响。网络世界是一个精彩的世界，信息传递速度之快，信息容量之大、范围之广，信息呈现方式之灵活，都对人极具诱惑力，也把许多青少年吸引到了网络的世界。

从积极的意义上来讲，网络对青少年的成长有许多有益的地方。首先，上网能激起好奇心，激发求知欲望，培养同学们对科学的兴趣。其次，上网可以促使同学们计算机和网络应用技术的提高。再次，上网可以开阔视野，活跃思维，拓宽同学们的知识面。最后，上网还能丰富精神生活，在一定程度上满足同学们精神和心理的需要。

但是，它在为我们的工作、生活、学习和交往带来便利的同时，也可以成为散布垃圾信息，传播暴力、不健康内容，侵犯他人权益，甚至进行违法犯罪活动的工具。网络也给某些青少年带来了消极的影响。

其一：玩“网”丧志，影响学习。由于青少年身心发展的特点，许多同学缺乏自制能力。对任何事情一旦入迷，难以把握和控制自己。有的同学只是把上网当作玩乐，朝思暮想、痴恋沉迷于网上游戏与网上聊天，荒废了学业。

其二：网上信息鱼龙混杂，污染心灵。网络是个开放的世界，各种信息都可以充斥其中。对一些不良信息，有些青少年难以辨别，无形中会受到精神的和心灵的污染。又由于网络是个虚拟的世界，它既可以带给人们精彩，也可以带给人们谎言和陷阱，网上交友稍有不慎就有可能误入歧途。

其三：个别青少年上网时间过长，损害身心健康。青少年应该多与同龄人交往，多参加户外活动和社会活动。如果整天沉溺于网络中，容易“孤独自闭”，伤害身体。

其四：个别青少年利用网络的隐蔽性做一些不道德的事情。青少年的特点是对新事物充满好奇，喜欢模仿，但选择能力和自律意识不强，在网上做对他人进行人身攻击等一些不道德的事情。

网络虽然是一个虚拟空间，但不是没有约束的“自由国度”，更不是法律的盲区。它仍然是社会的一部分，仍旧要受到道德、法律的制约。根据 2013 年 9 月 10 日起施行的《最高人民法院、最高人民检察院关于办理利用信息网络实施诽谤等刑事案件适用法律若干问题的解释》第八条规定，明知他人利用信息网络实施诽谤、寻衅滋事、敲诈勒索、非法经营等犯罪，为其提供资金、场所、技术支持等帮助的，以共同犯罪论处。因此，青少年切勿以身试法！

2．心灵鸡汤：

春秋时期，孔子的学生仲弓问孔子如何处世才能合乎仁道?孔子回答道：“其恕乎！己所不欲，勿施于人。在邦无怨，在家无怨。”（自己不喜欢的事不要强加给别人,不论在朝在野都不要去发牢骚。）

● 己所不欲，勿施于人：

“己所不欲，勿施于人”是儒家始祖孔子提倡的一种做人准则，也是中华民族的重要信条。孔子所言是指人应当以对待自身的行为为参照物来对待他人。人应该有宽广的胸怀，待人处事之时切勿心胸狭窄，而应宽宏大量，宽恕待人。倘若自己所不欲的，硬推给他人，不仅会破坏与他人的关系，也会将事情弄得僵持而不可收拾。人与人之间的交往应该坚持“尊重他人，平等待人”。这八个字也就是常说的“恕道”，一个“恕”字，道出人与人、国与国之间的交往，就在于要将心比心。2013 年国家主席习近平在墨西哥参议院的演讲中曾引用此句强调平等对待，亲诚惠容。他说：“无论人与人还是国与国之间，尊重他人权利才能带来和平。”中国古代思想家孔子说过：“己所不欲，勿施于人。”面对复杂多变的国际形势，两国之间应该坚持互尊互信，在涉及彼此核心利益和重大关切的问题上，在探索符合各自国情发展道路的努力中，继续相互理解、相互支持。

课堂任务

1．你认为网络上的“人肉搜索”行为合理吗？假设你被“人肉搜索”了，你有何感受？

2. 你知道我国《青少年文明上网公约》吗？具体内容是什么，你是否能遵守公约呢？

课堂讨论

观看小视频《污泥》和《网络造谣也违法》，试分析阿岩、灵小通行为的原因，并从个人道德和国家法律方面思考他们的行为造成的后果和必须承担的法律责任。

三、心灵回音

读故事，谈感想

2011 年 10 月 20 日，重庆交通大学土木建筑学院 06 级本科生皮某某在百度重庆交通大学贴吧以“我热，针刺事件居然闹到重庆了”为题发帖，引起许多网友关注并回帖。“针刺”信息很快在该校部分学生中传播，并引起了一定程度的不稳定情绪及恐慌。皮某某后来在发出的“个人声明”中说，他在与母亲通电话时，听说老家永川出现犯罪分子疑似用毒针扎小孩的事件，而母亲在电话中一再要求注意安全，于是他在未经核实真实性的情况下以“‘针刺’闹到重庆”为题在网上发帖。皮某某主观上是想提醒同学们注意安全保持警惕，但客观上违反了国家的相关法律规定。鉴于皮某某认识到自己违法行为的实质，警方依法对其作出治安拘留 3 日的处罚。

请思考：

1. 皮某某的行为触犯了《中华人民共和国治安管理处罚法》的第几条第几款规定呢？

2. 阅读以上案例后，如果你的微信收到朋友发来的一条爆炸性新闻，你会如何处理？

课后延伸

1. 节目精选：《今日说法：网瘾引发的悲剧》（20120420）；

《新闻 1+1：人肉搜索，是不是“网络暴力”？ 》（20160419）

2. 阅读推荐：《中华传统八德诠解丛书》，作者：杨朝明、宋立林；出版社：中国方正出版社

《做最好的自己》，作者：李开复；出版社：人民出版社

3. 电影推介：《搜索》

四、心灵感悟

评 价 内 容	评价情况（请在括号里打“√”）
1. 你对网络的利弊有所认识吗？	有（ ）没有（ ）不清楚（ ）
2. 你了解网络的不文明行为吗？	是（ ）没有（ ）不清楚（ ）
3. 在文明上网方面，你有感悟吗？	有（ ）没有（ ）不清楚（ ）
4. 你会利用今天所学来改变自己的上网习惯吗？	会（ ）不会（ ）不清楚（ ）
5. 你认为今天所学对以后的学习和生活有作用吗？	有（ ）没有（ ）不清楚（ ）
6. 本节课，你印象最深的是哪个环节？（写一写）	

CHAPTER 23 远离毒品

近年来，在我国类似因贩卖、吸食毒品后疯狂杀人、在加油站纵火、跳楼自杀、卖儿卖女、持刀自残、劫持人质、开车向人群冲撞等肇事肇祸案件已不鲜见。毒品不仅将大量社会栋梁之材的新生一代无情地推向了罪恶的泥淖，而且还通过吸食者之手将至爱亲朋、手足同胞极其残忍地抛向了死亡的深渊。毒品对人类的危害，触目惊心地呈现在我们面前，已经远远超出了我们对它的认识和理解。

一、心灵触动

读一读

2016年十一国庆档《湄公河行动》成影院大赢家，透过大荧幕观众们体验了湄公河惨案的惊心动魄。大毒枭糯康为报复中国商船，将价值2000万的毒品嫁祸给中国商船并将13名中国船员残忍杀害。尸体被发现时，双手大多被反绑，双眼被蒙，身上和腹部布满无数枪眼，手段极其凶残。

31岁的柳某吸毒之后变成了一个魔鬼，疯狂追杀自己的妻子，刀刀见血，生生将他28岁的妻子当场砍死。你怎能相信他们曾经是一对令人羡慕的恩爱夫妻，而他们的孩子才刚刚出生三个月。

2012年5月26日，美国迈阿密发生了震惊整个世界的啃食人脸案件。凶手就是因为服用了在西方世界刚刚开始流行的新型合成毒品浴盐。此类案件在美国不断出现，被人们称为“丧尸来袭”。

2011年4月22日，一辆在京沪高速上行驶的旅游大巴车，突然冲过中间护栏，与对面高速行驶的大货车猛烈撞击，造成13人当场死亡。经对生还的大巴车驾驶员尿检证实，他在驾车前为抗疲劳吸食了冰毒。经他交代，这种现象在长途客货车司机中并不鲜见。

2010 年 5 月 2 日下午，吸食了冰毒的文某，先是挥刀追杀自己的女友，接着又四处乱砍。当他白发苍苍的父母闻讯赶来劝阻时，令人震惊的一幕出现了，一对年逾古稀的老人竟活活被自己的亲生儿子砍死了。

2009 年 4 月 4 日深夜，在武冈市一家小宾馆里，6 名来自乡镇的青年男子因群体吸食冰毒过量产生幻觉而相继坠楼，造成 4 人死亡，2 人受伤。死者平均年龄不到 28 岁，最小的年仅 19 岁。

广西桂林市灌阳县一名还不到 15 岁的初一学生，竟在大量吸食了合成毒品 K 粉后全身抽搐、昏迷不醒，经抢救无效死亡。

……

动一动

- **上网找找资料**

1. 常见的毒品有哪些？

2. 查找因吸毒而引发悲剧的案例。

想一想

看了这些案例，你有什么感受？

二、心灵课堂

从小我们就被教育远离毒品的概念，毒品对很多同学而言更像是个传说，只停留在新闻或者港片中。那么毒品到底是什么？

课堂导读

1. 定义毒品

《中华人民共和国刑法》第357条规定：毒品是指鸦片、海洛因、甲基苯丙胺(冰毒)、吗啡、大麻、可卡因以及国家规定管制的其他能够使人形成瘾癖的麻醉药品和精神药品。随着毒品市场的泛滥，毒品已经有了一个庞大的“家族”，已达到两百余种。根据毒品对中枢神经系统的影响，分为镇静类毒品、兴奋类毒品和致幻类毒品。

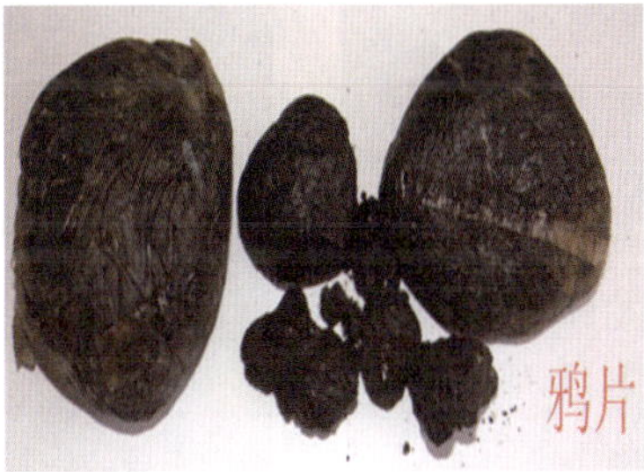

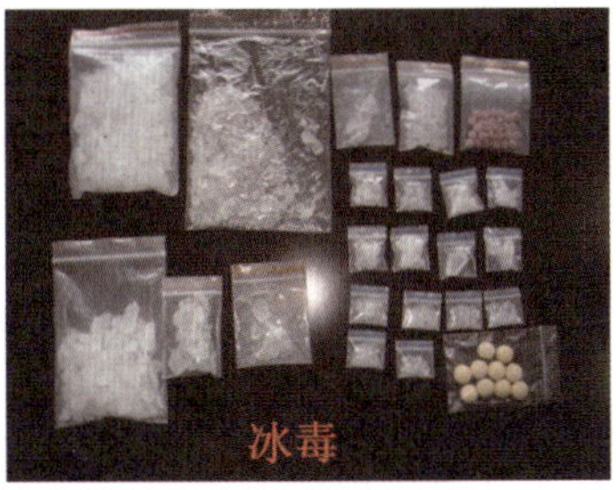

杜冷丁

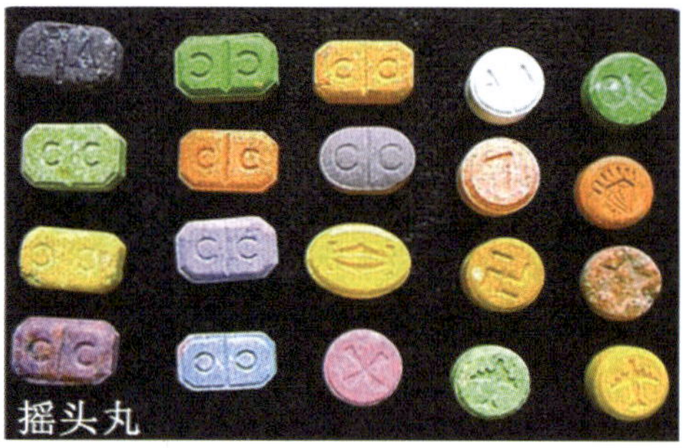

摇头丸

2. 抵制毒品

毒品的危害：

毁灭自己、祸及家庭、危害社会。

对家庭的危害：家庭中一旦出现了吸毒者，“家”便不成其为家了。吸毒者在自我毁灭的同时，也破坏自己的家庭，使家庭陷入经济破产、亲属离散、甚至家破人亡的困难境地。

对社会生产力的巨大破坏：吸毒首先导致身体疾病，影响生产，其次是造成社会财富的巨大损失和浪费，同时毒品还造成环境恶化，缩小了人类的生存空间。

毒品活动扰乱社会治安：毒品活动加剧诱发各种违法犯罪活动，扰乱社会治安，给社会安定带来巨大威胁。

沾染毒品的原因：

朋友引诱：因不知情被欺骗或者亲友间的相互感染而吸毒。

谎言诱惑：毒贩宣称毒品可以减肥、治病、能带来精神上的愉悦、能提高工作效率并带来灵感。

排忧解难：因思想空虚，寻找刺激，好奇心驱使，逐渐发展成瘾。

攀比炫耀：认为吸毒是时髦的表现，盲目吸毒来炫耀自己的身份和财富。

好奇心强：大部分吸毒者因“体会感觉”“抽着玩玩”“试一试”“尝新鲜”而不能自拔。

逆反心理：有人为吸毒者作戒毒榜样，导致吸毒后戒不掉，有人被激将而吸毒。

环境影响：一些娱乐场所鱼龙混杂，也是毒贩和吸毒者经常光顾的地方，青少年进入这些场所后经不起诱惑。

染上毒瘾的迹象：

（1）无故旷工、旷课，学业成绩、纪律或工作表现突然变坏。

（2）在家中或单位偷窃钱财、物品，或突然频频地向父母或朋友索要或借钱。

（3）长时间躲在自己房间内，或远离家人、他人，不愿见人。

（4）外出行动表现神秘鬼祟。

（5）藏有毒品及吸毒工具(如注射器、锡纸、切断的吸管、匙羹、烟斗等)。

（6）遮掩收缩的瞳孔，在不适当的场合佩戴太阳镜。

（7）为掩盖手臂上的注射针孔，长期穿着长袖衬衣。

（8）面色灰暗、眼睛无神、食欲不振、身体消瘦。

（9）情绪不稳定，经常地发怒、发脾气，坐立不安、睡眠差。

（10）经常无故出入偏僻的地方，与吸毒者交往。

防御毒品的措施：

（1）直截了当法：坚定直接地拒绝引诱。

（2）金蝉脱壳法：根据不同情况找借口委婉拒绝。

（3）主动出击法：立刻提出反建议。

（4）秘密报案法：寻找机会偷偷告诉可以依赖的人，或者秘密拨打 110 报警。

（5）及时告知师长法：得知身边有贩毒、吸毒案例一定要及时告诉师长。

课堂讨论

根据你课前准备的案例，请作答：

1. 总结：案例中主人公染上毒瘾有什么迹象？

2. 讨论：抵制毒品有哪些措施？

课堂任务

“远离毒品”承诺书

禁毒关系到中华民族的兴衰，关系到社会的安定团结，关系到每个家庭的幸福和睦。因此，禁毒是每个公民的责任。作为一名合格的学生，我郑重承诺：积极行动起来，从现在做起，从身边每位同学做起，高筑拒毒、防毒、反毒的“铜墙铁壁”，为校园的和谐、家庭的幸福、社会的稳定作出应有的贡献。具体做到以下四个方面：

1. 从我做起，接受毒品基本知识和禁毒法律法规教育。当好禁毒工作的宣传员和志愿者。自觉宣传有关禁毒知识，使每位同学及自己的家庭成员与身边市民都能了解毒品的危害，形成“珍爱生命，远离毒品”的良好社会氛围。

2. 以防为主，防拒结合，自觉抵御毒品的侵蚀。提高警惕，坚决与毒品犯罪分子作斗争。

3. 不断进行自我教育，树立正确的人生观，不盲目追求享受，寻求刺激，赶时髦，不听信各种花言巧语；不结交有吸毒、贩毒行为的人；不进入不正规歌舞厅，决不吸食摇头丸、K 粉等兴奋剂；不随便接受陌生人的食物、物品等，不随便跟随他人外出、游玩等。坚决做到不种毒、不制毒、不贩毒、不吸毒。

4. 如发现亲朋好友中有吸、贩毒行为的人，一要劝阻，二要远离，三要报告公安机关；积极检举揭发毒品犯罪嫌疑人，督促吸毒人员主动到公安机关登记并戒毒，帮助他们认清吸毒危害，走出歧途，回归社会。

承诺人：________________

时　间：________________

三、心灵回音

读故事，谈感想

远离毒品，你就是明星

在过去几年中，多位明星因吸毒入狱，上演了一出“监狱风云”。

案例一

某歌手因参加《中国好声音》而出名，然而其6人在某小区内吸食毒品，被警方抓获。随后，又因涉嫌容留他人吸毒罪被公安机关依法刑事拘留，获刑九个月，并处罚金二千元。

案例二

某日，某网络写手因为吸毒被警方拘留。拘留期满获释后，他在微博上发表了道歉信，向公众表达歉意，并称今后绝不再碰毒品。

看完这些案例，你有什么感想？

____

____

____

____

____

课后延伸

1. 禁毒宣传：请创作一幅反毒、禁毒宣传画，并向身边的亲人或朋友介绍毒品的危害及远离毒品的方法。
2. 阅读推荐：《毒品犯罪综合防范》（学校毒品预防教育丛书），作者：杨财政等
3. 电影推荐：《湄公河行动》

四、心灵感悟

内　　容	你的答案（请在括号里打“√”）
1. 别人吸毒、贩毒是否关你的事？	是（　　）　否（　　）
2. 你会践行今天的承诺吗？	是（　　）　否（　　）
3. 你会利用今天所学宣传禁毒的意义吗？	是（　　）　否（　　）
4. 你认为今天所学对以后的学习和生活有作用吗？	有（　　）没有（　　）不清楚（　　）
5. 本节课，你印象最深的是哪个环节？（写一写）	____________________ ____________________
6. 请对自己的收获进行评价并写下原因	非常棒😄（　　）很好😊（　　） 一　般😞（　　） ____________________ ____________________

CHAPTER 24 艾滋病离我们不远

艾滋病不可怕，牢记知识预防它；
艾滋病不可怕，洁身自爱远离它；
艾滋病不可怕，发现治疗有办法。

——世界艾滋病日宣

一、心灵触动

读一读

史后世纪的瘟疫

艾滋病被称为“史后世纪的瘟疫”，也被称为“超级癌症”和“世纪杀手”。自 1981 年美国首次报告艾滋病以来，艾滋病已在全球广泛流行，成为全球最为瞩目的公共卫生问题和社会安全问题，严重威胁着人类健康。

目前中国艾滋病的流行趋势处于世界第 14 位，在亚洲排名第二位。中国疾病预防控制在艾滋病（AIDS）疫情报告情况中指出，截至 2016 年 7 月 31 日，全国报告现存活艾滋病病毒（HIV）感染者/AIDS 病人 636 052 例，报告死亡 196 403 例。现存活 HIV 感染者 373 310 例，AIDS 病人 262 742 例。[1]

2016 年 12 月 1 日是第 29 个“世界艾滋病日”，我国 2016 年世界艾滋病日的宣传主题是“携手抗艾，重在预防”。旨在号召全社会积极投身于艾滋病防治工作，共同承担防治责任和义务，群策群力，各展所长，遏制艾滋病的流行。一方面使大家增加对艾滋病的了解，增强预防艾滋病的意识，远离艾滋病。另一方面呼吁大家关心艾滋病患者，不歧视艾滋病人，以积极、正确的态度看待艾滋病患者和感染者。

我们正在经历一个伟大的时代，社会的进步和民族的振兴寄予我们新一代青年人新的责任与使命。让我们用爱心、真诚和责任心来共同努力，使越来越多有社会责任感的团体和个人都来关注艾滋，关爱艾滋病患者，用红丝带装点一个健康的美丽世界，为构建和谐社会贡献力量！ 让我们携起手来远离艾滋，关爱生命！

动一动

翻阅书籍或上网查找资料，回答以下问题。

1. 什么是艾滋病病毒?

2. 什么是艾滋病?

3. 什么是艾滋病病毒感染者?

4. 什么是艾滋病病人?

想一想

艾滋病的传播途径主要有哪些? 哪些行为容易感染艾滋病病毒?

二、心灵课堂

课堂导读

故事的男主角是个杨姓男青年。10年前，为摆脱贫穷，他只身到外闯荡，并加入了卖血的行当。在一次卖血中，王某染上了艾滋病病毒。可怕的是杨某本人并不知道。在外靠卖血挣了一些钱后，杨某回到他的家乡，在家乡娶了妻子，生了儿子。这时他还全然不知自己已经患上了艾滋病。2015年，一次偶然患上的“感冒”使杨某检查出患有艾滋病！尤为可怕的是，因为杨某对自己身患艾滋病毫不知情，因此杨某早已把艾滋病毒传染给了妻子。他的妻子又通过母婴传染将艾滋病毒传给了儿子。当这一切全然揭晓和明了的时候，杨某已经不治，很快撒手人寰。接下来的结果不难想象，杨某的妻子于2016年遭遇同样厄运。不久，幼子也离开了人世。两年时间，一家三口死于艾滋病，这不能不说是个惨痛的悲剧。可怜天下父母心。与杨某同吃同住的老母亲，在两年的时间里，接二连三地经历了白发人送黑发人的悲剧。

尽管全世界的科学家都在日以继夜地研究，但迄今为止还没有找到可根治的药物，也没有能有效预防其发生的疫苗。人一旦感染HIV，大多数将迟早发病、死亡。艾滋病造成的损失不仅局限于个人，且牵连到家庭、子女和亲友。艾滋病不是简单的疾病问题，而是危及人类生存发展的重大社会问题。它导致的社会发展迟滞、劳动力损失、医疗费用急剧增加，社会福利水平下降等灾难性影响，波及整个国家和民众。

课堂新知

艾滋病感染进程分为窗口期、潜伏期、用药期三个时期。

窗口期——在感染病毒2～12周后才能经过检测诊断感染。在此期间，病毒感染者体内存在病毒，并且能够将病毒传染给他人，但是检测结果是阴性。

潜伏期——一些病毒利用人体的免疫细胞复制自己，另一些病毒则潜伏在体内，在很长时间内呈潜伏状态。这在临床上被称为潜伏期，根据感染者个体免疫系统的不同，潜伏期5～10年不等，平均为7年。

用药期——病毒不断摧毁白细胞，白细胞数量减少，人体免疫系统功能丧失。用药期是病毒发生发展的最后一个时期，主要特征是感染者易患各种机会性感染。

课堂任务

什么样的行为有可能感染艾滋病病毒?

请判断以下行为属于“高危行为”“中危行为”和“低危行为”中的哪一种?

1. 与他人共用针头和注射器;2. 礼节性接吻;3. 不使用安全套进行性交;4. 接受未经检验的血液制品;5. 护理艾滋病人;6. 使用被 HIV 污染的器官作移植手术;7. 与艾滋病人拥抱;8. 艾滋病病毒感染者进行母乳喂养;9. 去卫生条件差的诊所拔牙;10. 去公共游泳池游泳;11. 共用剃须刀;12. 卖血;13. 共用针具吸毒;14. 共用牙刷;15. 纹身;16. 与艾滋病人同学;17. 穿耳;18. 共用餐具;19. 针灸;20. 使用安全套性交(使用方法不正确);21. 共用厕所和浴室;22. 不接触阴道、阴茎、肛门的性行为;23. 使用公共电话;24. 蚊虫叮咬;25. 与 HIV 感染者握手;26. HIV 感染者在你面前咳嗽、打喷嚏;27. 感染艾滋病毒的妇女怀孕、分娩;28. 无偿献血;29. 正确使用安全套性交;30. 手淫、性自慰、按摩;31. 与艾滋病毒感染者一起劳动、居住。

高危行为:____________________

中危行为:____________________

低危行为:____________________

课堂讨论

谁易感染艾滋病?

医生、企业老板、护士、司机、理发师、导游、纹身师、清洁工、针灸师、中学校长、乘务员、厨师、三陪小姐、家庭主妇、网管员、个体户、演员、航海员、保姆、酒店房务员、公务员

你的答案是:____________________

受到的启发:____________________

三、心灵回音

案例分析

艾滋病四口之家

一个家庭，父母亲和姐弟二人，父亲是血友病患者，长期靠注射血制品来维持生命，有一天，2 岁的弟弟因病住院，被发现是 HIV 阳性。于是，对全家人进行血清学鉴定，结果发现父亲、母亲均为 HIV 阳性，但 7 岁的姐姐 HIV 阴性。

1. 父亲最有可能是通过什么途径感染上艾滋病病毒的?
   A. 性途径
   B. 血液途径
   C. 母婴途径
2. 母亲最有可能是通过什么途径感染上艾滋病病毒的?
   A. 性途径
   B. 血液途径
   C. 母婴途径
3. 弟弟最有可能是通过什么途径感染上艾滋病病毒的?
   A. 性途径
   B. 血液途径
   C. 母婴途径
4. 母亲很可能是什么时候被感染上艾滋病病毒的?
   A. 姐姐出生以前
   B. 弟弟出生以前
5. 生活在同一家庭里的姐姐没有被感染上艾滋病病毒，这种情况是可能的吗?
   A. 是　　B. 否

课后延伸

1. 推荐阅读:《红丝带的意义》(载自百度百科)
2. 推荐视频:《爱在阳光下》

四、心灵感悟

内　　容	你的答案（请在括号里打“√”）
1. 你对艾滋病有更深刻的认识了吗？	是（　　）　否（　　）
2. 你清楚艾滋病的传播途径了吗？	有（　　）没有（　　）不清楚（　　）
3. 你掌握预防艾滋病的方法和措施了吗？	是（　　）　否（　　）
4. 你认为今天所学对以后的学习和生活有作用吗？	有（　　）没有（　　）不清楚（　　）
5. 本节课，你印象最深的是哪个环节？（写一写）	____________ ____________
6. 请对自己的收获进行评价并写下原因。	非常棒（　　）很好（　　） 一　般（　　） ____________ ____________

CHAPTER 25 生命无价——珍爱自己，珍惜他人

随着高科技的发展，人与人之间的空间距离缩小了，但是实际的心理距离却更远了。由于各种家庭、社会的原因，越来越多的青少年，心灵上产生了空虚和孤独感，不懂得“生”，也不了解“死”，只要在生活中稍微不如意，便会以结束自己的生命或伤害他人的生命来表达自己的各种不满。

希望通过以下活动，让同学们理解生命的珍贵，从而学会珍爱自己，珍惜他人。

一、心灵触动

读一读

2016 年 12 月 3 日中午 12 时 49 分，河北省某师范学校一名女生坠落在学校 2 号教学楼下。事发后，立刻有人拨打了 120 急救电话，急救人员和公安人员很快出现在现场。坠楼女生的室友在这名女生的笔记本里发现了一封遗书，于是急忙向老师反映此事。

2013 年 4 月 16 日 15 点 23 分，某大学在读医科研究生黄某，在上海中山医院去世，在该生寝室饮水机内残留水中检测出某有毒化合物成分，认定其寝室室友林某有作案嫌疑，与 19 年前的清华大学女生朱某被投毒如出一辙。几天后，校园案件又添一例，某中学男生被同学连捅 7 刀，原因竟是对方看不惯他走路样子

“太牛”。

2005 年 8 月，溧阳一名 15 岁初三学生陈某，因学习成绩不好被老师批评。家长认为老师批评正确，可陈某却倍感委屈。当天晚上，陈某离家出走，到第二天上午陈某的家人发现他时，陈某已服农药自杀身亡。

2000 年，广东省某校一名男生因家长不让其玩游戏而上吊自杀。

1999 年，福建省某校一名女生因家庭贫困，产生自卑心理而割腕自杀。

……

这，是对生命的漠视！是对他人或自己生命的漠视。

动一动

1. 找一个青少年在逆境中自强不息的事例。

2. 找三条关于宽容的格言或古训。

想一想

1. 为什么有些小伙伴，只要在生活中稍微不如意，便会结束自己的生命或伤害他人的生命？谈谈你的思考。

2. 动脑想想自己。

项　　目	你的答案
1. 请用三个词语形容你现在的生命状态。	
2. 请用三个词语形容你期待中的生命状态。	
3. 至今为止，生命中最快乐的一件事情是什么?	
4. 说出一个你生命中的积极转折点。	
5. 说出一个你生命中丧失过的很重要的机会。	
6. 是否有一件事情触发过你对于“生死命题”的思考?	
7. 你有没有在某一件特别的事情上表现出绝对大的勇气?	
8. 哪些是你现在很想停止不做的事情?	
9. 哪些是你现在很想好好继续努力的事情?	
10. 哪些是你现在做得不够但仍然必须要做下去的事情?	

结合上表，谈谈你对生命的理解。

二、心灵课堂

课前准备

请准备两张小纸条（长条形，四分之一 A4 纸大小），都制作成时光纸条。

课堂导读

1. 认识生命的意义。

法国现代著名文学家罗曼·罗兰说：“生命是这世界上最崇高的礼赞。”生命只有一次，对于每一个人都无比宝贵。人究竟为什么活着？如何活得幸福而快乐？自己的生命与他人的生命存在何种关联？每个人都不禁会在内心审视自己并向自己发问，希望找寻到这些问题的答案，发现生命的意义。不同的人对于生命的意义都有着独一无二的理解，即使是同一个人在自己生命的各个不同阶段也可能会对生命的意义有着不一样的解答。但可以肯定的是，那些明白自己要什么、知道自己为什么活着的人，会拥有更加强大的力量去直面生活的打击与痛苦，也会更加用心经营生命、追求不断的自我发展与成长。

2. 心灵鸡汤：

- **理解对困境与死亡的坦然正视**

困难与死亡的坦然正视拓展生命的意义。困境是生命中不可避免的考验，家财万贯的商人可能会一夜破产，天籁之音的歌唱家可能会失声，身姿健硕的运动员可能会骨折，名列前茅的优等生也可能会考试失利。生命是一个过程，除了鲜花与笑声，还会有荆棘与泪水。即使遭遇坎坷艰辛、困扰险阻甚至死亡的威胁，也可以把这些理解为生命另一种动力的赋予，或许绝境反而成就了一番新的生命契机。

生命的意义不是索取，而是不计较个人得失的付出与给予。风险是一种为成长和幸福所做的积极奋斗。学生应拥有一份主动奉献爱的能力，不但爱自己、爱生活，更要爱他人、爱人民、爱祖国，用深厚的爱去感恩父母的艰辛和他人的善意，用博大的胸襟去包容社会万物的点点滴滴，让生命因为人情味和社会责任感而变得富有爱意。

- **学会感恩与奉献的传递**

雷锋同志，一名普普通通的人民子弟兵，却成为家喻户晓、亿万人民争相学习的楷模。他在日记本上重重写下的那句“人的生命是有限的，可是为人民服务是无限的，我要把有限的生命，投入到无限的‘为人民服务’之中去”的话语传诵至今。他的袜子、衣物总是缝了又缝、补了又补，只为把节省下来的钱捐给需要帮助的人；他在列车上主动端水扫地、在工地上推车飞奔。他以朴实无华、勤俭节约、乐于助人的精神品质最好地服务与回报了社会，奉献上青春年华。

感恩与奉献的传递诠释生命的意义。感恩是对生命给予的深刻领悟，奉献是对生命存在的最好回报。

课堂任务

1. 观看视频《生命的诞生》

2. 填写时光纸条：

假如时光纸条是我们的生命，从 0～100 岁。

0	10	20	30	40	50	60	70	80	90	100

3. 观看视频：《中华达人秀—刘伟》。

课堂讨论

（任务与讨论一一对应，完成任务 1 后即进行讨论，以此类推）

1. 观看视频《生命的诞生》，你怎么看待生命？

2. 按老师的要求，用其中一张时光纸条，把工作、学习之外的时间部分去掉，再和另外一张完整的时光条作比对，你有什么感想？

3. 观看视频：《中华达人秀——刘伟》后，你对人生中遇到的困难与挫折怎么看？

三、心灵回音

读故事，谈感想

网毒让亲情泯灭

大学二年级的学生小洪深深迷恋网络世界，一日不上网浑身难受。他屡次在网吧通宵达旦，就算不上网，宁愿在宿舍坐着也不去上课，终日精神恍惚、疲惫无力，唯有在虚拟世界里面才提得起精神、如痴如狂。成绩受到严重影响，多门科目红灯高挂，收到了学校的退学警告。面对家长的责备，小洪则会产生过激行为，如同发狂般以死相逼，他的父亲无可奈何，在一个夜晚哄着让他喝下了含有安眠药成分的牛奶，乘儿子昏迷之时寻求网络成瘾中心的帮助，请求强制“戒毒”。入院当晚，小洪便企图割腕自杀，幸亏得到及时抢救，没有造成生命危险。他的父母伤心地说道：“为什么儿子可以如此狠心，只因为不能上网打游戏就要自杀，他为什么不想想我们呀……”

请思考：

若你是小洪的同班同学，你会如何劝告他生命可贵，不应该在游戏中虚度，更不应该随意草率放弃生命？

课后延伸

1. 阅读推荐：《活出生命的意义》，作者：（美）维克多·弗兰克尔
2. 电影推介：《美丽人生》

四、心灵感悟

内　　容	你的答案（请在括号里打“√”）
1. 通过本次活动，你是否了解了生命诞生的奇妙和不易？	是（　）　否（　）
2. 通过本次活动，你是否清楚，在工作或生活中遇到挫折，需要一种怎样的态度？	有（　）　没有（　）不清楚（　）
3. 通过今天所学，你以前的生命态度和认识是否有所改变？	有（　）　没有（　）不清楚（　）
4. 本次活动，你印象最深的是哪个环节？（写一写）	________________ ________________
5. 请对自己的收获进行评价并写下原因。	非常棒😄（　）很好😊（　） 一　般😞（　） ________________ ________________

CHAPTER 26 挫折，来战！

生活中，挫折指挫败、阻挠、障碍的意思，《管子》中的“兵挫而地削”，最开始常用于兵家失利。

心理学中，挫折指一种情绪状态。即人在从事有目的的活动中，遇到干扰或阻碍，致使预定目标不能实现，与之相应的需要得不到满足时产生的一种心理紧张状态和情绪反应。

一、心灵触动

读一读

胡萝卜、鸡蛋和咖啡豆

一天，女儿满腹牢骚地向父亲抱怨起生活的艰难。父亲是一位著名的厨师，平静地听完女儿的抱怨后，微微一笑，把女儿带进了厨房。父亲往三只同样大小的锅里倒进了一样多的水，然后将一根大大的胡萝卜放进了第一只锅里，将一个鸡蛋放进了第二只锅里，又将一把咖啡豆放进了第三只锅里。最后他把三只锅放到火力一样大小的三个炉子上烧。女儿站在一边，疑惑地望着父亲，弄不清他的用意。

20 分钟后，父亲关掉了火，让女儿拿来两个盘子和一个杯子。父亲将煮好的胡萝卜和鸡蛋分别放进两个盘子里，然后将咖啡豆煮出的咖啡倒进了杯子。

他指着盘子和杯子问女儿：“孩子，说说看，你看到了什么？”

女儿回答说：“还有什么，当然是胡萝卜，鸡蛋和咖啡了。”

父亲说："你不妨碰碰它们，看看有什么变化。"

女儿拿起一把叉子碰了碰胡萝卜，发现胡萝卜已经变得很软。她又拿起鸡蛋。感觉到了蛋壳的坚硬。她在桌子上把蛋壳敲破，仔细地用手摸了摸里面的蛋白。然后她又端起杯子，喝了一口里面的咖啡。

做完这些以后，女儿开始回答父亲的问题："这个盘子里是一根已经变得很软的胡萝卜；那个盘子里是一个壳很硬、蛋白也已经凝固了的鸡蛋；杯子里则是香味浓郁、口感很好的咖啡。"说完，她不解地问父亲，"亲爱的爸爸，您为什么要问我这么简单的问题？"

父亲严肃地看着女儿说："你看见的这三样东西是在一样大的锅里、一样多的水里、一样大的火上，用一样多的时间煮过的。可他们的反应却迥然不同。胡萝卜生的时候是硬的，煮完后却变得那么软，甚至都快烂了；生鸡蛋是那样的脆弱，蛋壳一碰就碎，可是煮过后连蛋白都变硬了；咖啡豆没煮之前也是很硬的，虽然煮了一会儿就变软了，但他的香气和味道却溶进水里变成可口的咖啡豆。"

父亲说完之后接着问女儿："你像他们中的哪一个？"现在，女儿更是有些摸不着头脑了，只是怔怔地看着父亲，不知如何回答。

父亲接着说："我想问你的是，面对生活的煎熬，你是像胡萝卜那样变得软弱无力，还是像鸡蛋那样变硬变强，亦或像一把咖啡豆，身受损而不堕其志，无论环境多么恶劣，都向四周散发出香气、用美好的感情感染周围所有的人。简而言之，你应该成为生活道路上的强者，让你自己和周围的一切变得更好、更漂亮、更有意义。"

想一想

面对生活的煎熬，你想做胡萝卜、鸡蛋，还是咖啡豆？谈谈你的想法。

动一动

- **上网找找资料**

1. 查找青少年挫折中自强不息的案例。

• **动脑想想自己**

1. 让你印象深刻的一次挫折经历是什么？

2. 在遇到挫折时处理的最满意的事件是什么？请大胆分享你当时的想法和心情。通过这件事你的收获是什么？

二、心灵课堂

课堂导读

走进周杰伦

周杰伦自小父母离异，在母亲的抚养下长大。

1996 年高中毕业后没考上大学，在一家餐馆当服务生。

1997 年参加一家电台的娱乐节目，结果演砸了。但其复杂、工整的乐谱被音乐公司老板吴宗宪看中，邀他进公司作音乐助理。尽管一开始他很大一部分时间都在帮同事买盒饭、打杂，但他依然坚持音乐创作。可是，他那“怪怪”的音乐风格并不被当时的人们喜欢，老板甚至当面把乐谱扔进垃圾桶内……周杰伦并没有放弃，反而更加努力。他以每天一首歌的速度进行创作，连续7天，老板总能在一上班时就看到他的新作品。终于老板被他的坚持和勤奋感动，答应找歌手演唱他创作的歌曲。

1998年2月，他创作了一首《眼泪知道》，被公司推荐给当时的天王巨星刘德华演唱，结果遭到拒绝。之后，他又精心创作了《双截棍》，推荐给当时火爆华语歌坛的张惠妹演唱，再次遭到拒绝。

一次次的挫折与失败，让周杰伦迷茫了……此时，老板吴宗宪也感到很失望，打算放弃周杰伦。于是他对周杰伦说："我再给你10天时间，如果你能写出50首歌，而我能从中挑出10首的话，公司就帮你出唱片。"10天写50首歌，这非常困难，然而怀抱音乐梦想的他并没有放弃，再次燃起斗志，一头扎进音乐室，通宵达旦地创作……其中的艰辛不言而喻。就这样，10天过去了，周杰伦真的拿出了50首歌，而且每首都写得漂漂亮亮、工工整整。

之后的结果可想而知，周杰伦的第一张专辑《杰伦》终于成功制作并于2001年初上市发行。这个此前无人知晓的年轻人瞬间一鸣惊人。从一名餐厅服务员到家喻户晓的当红小天王，周杰伦在接受美国《时代周刊》专访时说："我之所以会有今天，就是我不服输的结果。"

课堂任务

1. 为下面的故事创作一个后续。

有这样一个流传很久的故事：一头毛驴掉进一口枯井里。井很深，人们想尽了各种办法，最后也没能把驴子拉出来。因为驴子老了，尽管它还在哀怜地求救叫喊，但是，无奈之下，人们最终决定填井，埋掉驴。当第一铲泥土落在枯井中时，驴叫得更响了，当第二铲泥土落到井里的时候……

2. 谈谈你对上面这个故事的看法，请与大家分享。

课堂讨论

请完成如下选词填空题。

备选词

天择、不胜、求胜、主动、机遇、困境、甘来、生存、转变、生机

内方、进取、坚韧、思痛、救赎、目光、思维、成功、善缘、逢源

选词填空

物竞（　　　），适者（　　　）

（　　　）不屈，苦尽（　　　）

积极（　　　），开拓（　　　）

广结（　　　），左右（　　　）

痛定（　　　），败中（　　　）

自我（　　　），（　　　）重生

把握（　　　），（　　　）命运

（　　　）长远，（　　　）之道

改换（　　　），创造（　　　）

外圆（　　　），无往（　　　）

我们应正确认识挫折，理智分析困难，提供情绪释放的机会。

三、心灵回音

读故事，谈感想

不惧挫折

有一个人，一生中经历了 1009 次失败。但他却说：一次成功就够了。

5 岁时，他的父亲突然病逝，没有留下任何财产。

12 岁时，母亲改嫁，继父对他十分严厉，常在母亲外出时痛打他。

14 岁时，他辍学离校，开始了流浪生活。

16 岁时，他谎报年龄参加了远征军。因航行途中晕船厉害，被提前遣送回乡。

18 岁时，他娶了个妻子。但只过了几个月，妻子就变卖了他所有的财产逃回娘家去了。

30 岁时，他在保险公司从事推销工作，后来因为奖金问题，与老板闹翻而辞职。

31 岁时，他自学法律，并在朋友的鼓动下干起了律师行当。一次审案时，竟在法庭上与当事人打起来。

32 岁时，他失业了，生活非常艰难。

35 岁时，不幸又一次降临到他的头上。当他开车路过一座大桥时，大桥钢绳断裂。他连人带车跌到河中，身受重伤，无法再干轮胎推销员工作。

40 岁时，他在一个镇上开了一家加油站，因挂广告牌把竞争对手打伤，引来一场纠纷。

47 岁时，他与第二任妻子离婚，三个孩子深受打击。

61 岁时，他竞选参议员，但最后落败。

65 岁时，政府修路拆了他刚刚红火的快餐馆，他不得不低价出售了所有设备。

66 岁时，为了维持生活，他到各地的小餐馆推销自己掌握的炸鸡技术。

75 岁时，他感到力不从心，因此转让了自己创立的品牌和专利。新主人提议给他 1 万股，作为购买价的一部分，他拒绝了。后来公司股票大涨，他因此失去了成为亿万富翁的机会。

83 岁时，他又开了一家快餐店，却因商标专利和人打起了官司。

88 岁时，他终于大获成功，全世界都知道了他的名字。

他，就是肯德基的创始人——哈伦德·山德士（Colonel Harland Sanders）。

这个在生命的终点开始走向辉煌的人就是哈伦德·山德士，肯德基的创始人。他用他的那一笔社会保险金创办的崭新事业正是闻名于世的肯德基家乡鸡。

这个故事给你的启示是什么？

课后延伸

1. 阅读推荐：《恰到好处的挫折》，作者：格雷格·S·里德；译者：王丽；出版社：北京时代华文书局

散文诗《秋》，作者：沈尹默

2. 电影推介：《中国合伙人》

四、心灵感悟

内　　容	你的答案（请在括号里打“√”）
1. 还有挫折困扰着你吗？	是（　　）　否（　　）
2. 在应对挫折上，你有提升吗？	有（　　）没有（　　）不清楚（　　）
3. 你会利用今天所学来应对挫折吗？	是（　　）　否（　　）
4. 你认为今天所学对以后的学习和生活有作用吗？	有（　　）没有（　　）不清楚（　　）
5. 本节课，你印象最深的是哪个环节？（写一写）	____________________ ____________________
6. 请对自己的收获进行评价并写下原因。	非常棒😄（　　）　很好😊（　　） 一　般😞（　　） ____________________ ____________________

CHAPTER

27 企业文化

企业文化是指在一定的社会经济条件下，通过社会实践所形成的并为全体成员遵循的共同意识、价值观念、职业道德、行为规范和准则的总和，是一个企业或一个组织在自身发展过程中形成的以价值为核心的独特的文化管理模式。其目的就是以精神的（感情的）、物质的、文化的手段满足员工物质和精神方面的需要，以提高企业的向心力和凝聚力，激发职工的积极性和创造精神，提高企业经济效益。

本次活动主旨：理解企业文化内涵，结合专业特色了解本行业企业文化特点，思考作为准职业人应具备的综合素质。

一、心灵触动

读一读

猴子和香蕉

四只猴子被关到一个笼子里，由于每只猴子都来自不同的地方，原先互相不认识，所以总是会发生冲突。前两天，四只猴子接连不断地打架。两天以后，在笼子的顶上挂了一串香蕉。但是，一只猴子是无法单独拿到这个香蕉的。于是，四只猴子开始相互协作，取下香蕉来大家一起分享。

但过了一个星期以后，情况发生了变化。不管哪一只猴子，每当它快要取到香蕉的时候，都会有一只高压水枪向它喷水。稍不留神，猴子就会摔落到地上。由于这种情况从无例外，于是，四只猴子都不敢去取香蕉了。

过了些日子，笼子里又来了一只猴子。它看到香蕉的时候，非常想去取。但其他的猴子一起来告诉它，香蕉不能取，并且告诉它以前的那些痛苦经历。于是，这只新来的猴子从此就打消了去取香蕉的念头。

又过了几天，又来了一只新猴子，而一只第一批入笼的猴子被带走了。当然，这只新来的猴子也很想去取香蕉，但其他的猴子包括那只从来没有上去取过香蕉的猴子，都来告诉这只新猴子不能去取香蕉。经过几次轮换，笼子里的猴子越来越多，而第一批被高压水枪喷过的猴子全部离开了笼子，但笼子里所有的猴子都知道不能去取香蕉。

动一动

● 上网找找资料

1. 查找一个知名企业（与专业结合则最佳），了解其企业文化的特点（愿景、价值观、行为准则、口号等），要求使用 0 号牛皮纸和彩笔制作一份简介并做好现场展示的准备（以小组为单位）。

____

____

____

2. 查找现代企业对员工素质要求有哪些（不少于 8 个）。

序　　号	现代企业对员工素质要求
1	
2	
3	
4	
5	
6	
7	
8	

想一想

1. 阅读了《猴子和香蕉》的故事后，你对企业文化有什么认识？

____

____

____

2. 请问你对学校日常行为规范管理规定（考勤、校服、胸卡等）与企业对员工的行为要求有什么认识？

3. 如果你到心目中理想的企业面试，你认为自己会被录取的理由是什么？如不被录取，原因又会是什么？

二、心灵课堂

课堂导读

企业文化是一种观念形态的价值观，是企业长期形成的稳定的文化观念和历史传统，以及特有的经营精神和风格，包括一个企业独特的指导思想、发展战略、经营哲学、价值观念、道德规范、风俗习惯等。

企业文化的提出源于日本经济发展奇迹引起的美日比较管理学研究热潮。第二次世界大战后的日本，在 20 世纪 50 年代开始引进美国现代管理方法，60 年代实现了经济起飞，70 年代在平稳度过两次石油危机后再次创造了高速增长的经济奇迹，进入 80 年代之后大有取代美国经济霸主地位的趋势。而对日本快速发展的经济奇迹，如何解决困扰企业界的各项难题，成为许多学者研究的重要课题。

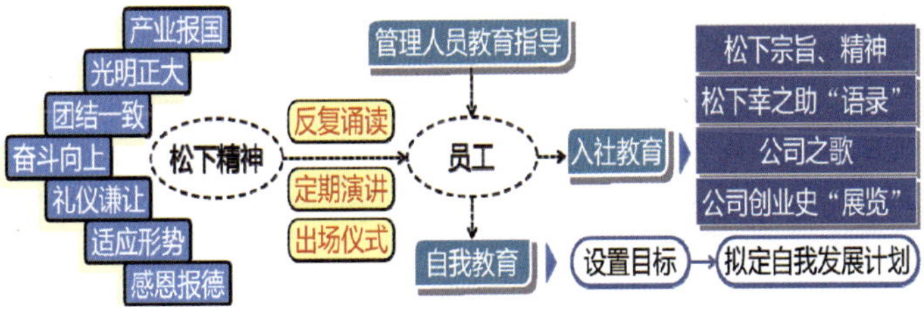

图 1　日本松下电器公司的企业文化

【企业文化的构成要素】

1. 企业的环境是塑造企业文化的最主要因素。

2. 企业的价值观是形成企业文化的核心。

3. 企业中的英雄是英雄人物价值观的“人格化”，为广大员工提供了效法的具体典范。

4. 企业的典礼及仪式是一种企业活动，亦即由有系统、有计划的日常例行事务构成的动态文化，能使企业的价值观得以健全和发展。

5. 文化网络沟通公司基层组织，是传递价值观和英雄意识的渠道。

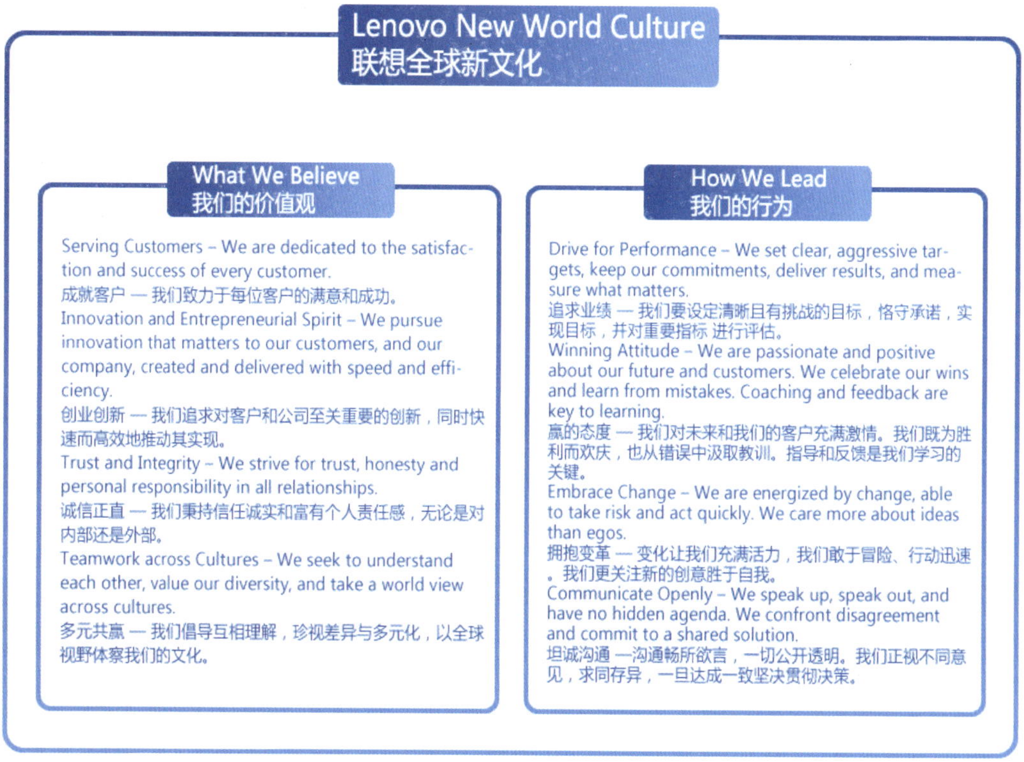

图 2　中国联想集团的企业文化

【企业文化的功能与作用】

凝聚功能：通过改变员工的思想和态度，形成人企合一的利益共同体和命运共同体，使员工对企业产生认同感、使命感、归属感和自豪感，并自觉地付诸行动，起到磁石效应。

导向功能：主要是对企业和员工的整体心理、思想、价值观和整体行为的取向起引导作用，起到方向盘的效应。

激励功能：通过营造一种文化氛围，鼓舞员工的士气，使员工自觉地为企业奋斗，从而起到发动机的效应。

约束功能：通过企业价值观和规章制度对员工的思想行为进行一种无形的软性控制和约束，起到一种从众效应。

教化功能：通过企业理念、思想、精神、道德和价值观等对员工起到一种教育与感化作用。

润滑功能：从文化的角度来教育和感染员工，引导和调适员工的生活，融洽感情，增进友谊，从而优化企业人际关系。

辐射功能：通过企业文化建设潜移默化地影响和促进整个社会文化的改善与发展，起到楷模感应效应。

增效功能：通过文化建设提升企业管理，促进精神文明和物质文明的建设，从而实现企业效益的最大化。

三、心灵回音

读故事，谈感想

马云 2016 年 3 月给新员工上公开课内容的节选：“我们希望阿里巴巴是这样一家公司，希望在中国这片土地上诞生一家对世界经济发展、人类社会进步有贡献的公司。所以我们希望招聘进来的员工，大家都充满这个使命，大家都怀揣着这个理想，大家团结一致。当然我们也有很多分歧，但是最重要的是点点滴滴把它做下去。你们可能听了以后，会发现公司是不是玩得太虚了，这就是我们公司的与众不同之处。如果你觉得不愿意加入这样的公司，没有关系，听了今天以后，你可以辞去，阿里巴巴的门永远要打开，很容易出去，但是很难进来。大家记住，要容易出去，很难进来；如果容易进来，很难出去，那是监狱。”

1. 请找出这段话中关于企业文化的“关键词”。

____

____

2. 请谈谈你对“要容易出去，很难进来；如果容易进来，很难出去，那是监狱”这句话的理解。

课后延伸

1. 节目精选：《马云在家自拍的12分钟视频》
（http://video.sina.com.cn/p/finance/20160714/163865285137.html）

2. 阅读推荐：
《责任胜于能力》，作者：宿春礼，周韶梅；出版社：石油工业出版社
《把工作做到极致》，作者：墨墨；出版社：北京理工大学出版社

3. 电影推介：《当幸福来敲门》

四、心灵感悟

评价内容	评价情况（请在括号里打"√"）
1. 你对企业文化的含义有所认识吗？	有（　）没有（　）不清楚（　）
2. 你了解企业文化的功能与作用吗？	是（　）没有（　）不清楚（　）
3. 你认为企业文化与校园文化有共性要求吗？	有（　）没有（　）不清楚（　）
4. 你会按照现代企业的员工素质要求自己吗？	会（　）不会（　）不清楚（　）
5. 你认为今天所学对以后的学习和生活有作用吗？	有（　）没有（　）不清楚（　）
6. 本节课，你印象最深的是哪个环节？（写一写）	______________ ______________
7. 请对自己的收获进行评价并写下原因。	非常棒😄（　）很好😊（　） 一　般😞（　） ______________ ______________

CHAPTER 28

我的未来不是梦

我永远相信只要永不放弃，我们还是有机会的。最后，我们还要坚信一点，这世界上只要有梦想，只要不断努力，只要不断学习，不管你长得如何，不管是这样还是那样，男人的长相往往和他的才华成反比。今天很残酷，明天更残酷，后天很美好，但绝对大部分人是死在明天晚上，所以每个人都不要放弃今天。

——阿里巴巴集团创始人　马云

同学们，我们即将完成在学校的学习，我们都希望能够依靠自己所拥有的知识与技能，努力打拼，尽快实现自己的梦想。你是否考虑过怎样快速调整自己，进入新的职业状态，适应新的职业要求，完成从学生到职场人的华丽转身呢？

一、心灵触动

读一读

怀才不遇

小斌刚从海外读完环境工程回来，进到一家软件公司工作。这家公司的主要产品是生产型企业所要用到的环保监控软件。小斌主要负责销售，同时上门为客户提供相应的使用指导服务。

小斌之前在国外学的一些软件操作技能，和国内的完全不一样。所以，他并不能完全熟练操作公司里的产品，出门和客户洽谈时还得有个技术专员陪同前往。但他并不觉得这有什么问题，反正已经懂了国外的那些更先进的软件，国内的了解一二就可以了。有技术专员在，何必那么费事呢？

工作几个月后，小斌对“跑腿”的工作越来越没有兴趣，觉得这低端的工作和他一开始所期望的“技术性工作”有差异，并不是那么有价值。他的愿景是进入产品开发室，做产品开发这样的工作，并有朝一日坐上技术开发总监的位子。

然而，不到一年，小斌就在郁闷中离开了这家很有潜力的公司。因为他无法承受更大的业务压力，工作没有起色。眼看和他同期进来的人都越做越好，自己这个“想当将军的士兵”怀才不遇，只能另寻能“一击即中”的地方。在小斌看来，何必在这种地方浪费时间呢？

动一动

上网找资料：三条企业名人关于工作的励志名言。

想一想

1. 案例中的小斌为什么会“怀才不遇”？

2. 马上要进入职场的你，最想从事的工作是什么？

二、心灵课堂

课前准备

1. 小组合作找出和我们所学专业相关的不同职业、不同岗位的图片，并制作成幻灯片。

2. 小品组准备求职面试小品（正反两个案例），时间为 5 分钟。

课堂导读

准确定位，赢在起点

每个人都有自己的职业规划蓝图：对于一名汽车维修专业的毕业生，有的想到维修企业，从低做起，练就一身本领再创业；有的想到生产企业流水线，工作稳定收入高；有的想成为一名汽车销售人员，可以每天西装领带，不用脏兮兮的！无论是哪一个企业、哪一个岗位，都会是一个新的挑战。即将要进入的职场，大家都做好准备了吗?

课堂任务

1. 各小组展示课前的幻灯片，并说说最想从事的工作是什么。

2. 观看同学自导自演的求职面试小品：哪一位同学的表现会获得面试官的青睐？

3. 观看《马文求职视频》：你喜欢马文的求职视频吗？为什么？你觉得这个求职视频吸引你的地方在哪里？

4. 思考：想要获得自己心仪的工作，需要做好哪些准备？

（1）怎样写出一份好的求职简历？

（2）面试过程中完美地表现自己，首先要了解用人单位的需求，你觉得用人单位希望招聘什么样的人？

课堂讨论

自我调适，做职场新贵

初入职场，面对一系列的新环境、新任务、新同事，看看下面几个案例中的同学是怎样做的。

案例 1：某技工学校计算机专业的万某刚刚毕业，顺利地进入了省内某知名网络公司，这也是他一直以来心仪的单位。上班一个月的时间，小万几乎天天第一个到，领导分派的工作任务，也是抢着做，浑身充满着工作激情。

案例 2："反正也就这样，每天干的都是一样的事情。如果不是收入过得去，我都不想干了。"许某上周在同学聚会时聊到自己的工作这样说。在学校成绩优异的倩倩原本应聘一家大型国企，并寄予很高的期望，可后来却落选了，不得已进入了一家规模不大的广告公司。对于这份工作，倩倩多少有些不甘心。

案例 3：不到两个月的功夫，王某已经跳了两家单位，现在的工作是一家小型私营汽车维修厂，一个月只有一千多的收入，王某说，自己从没打算在这个单位"待"下去。

小组内讨论，谈一谈：

1. 什么样的工作是好工作？

____

____

____

____

____

2. 谈谈你的终身学习计划。

____

____

____

____

____

三、心灵回音

读故事，谈感想

寓言：绿洲里的老先生

一个青年来到绿洲，碰到一位老先生。年轻人便问："这里如何？"老人家反问说："你的家乡如何？"年轻人回答："糟透了！我很讨厌。"老人家接着说："那你快走，这里同你的家乡一样糟。"后来又来了另一个青年问同样的问题，老人家也同样反问。年轻人回答说："我的家乡很好，我很想念家乡的人、花、事物……"老人家便说："这里也是同样好。"旁听者觉得诧异，问老人家为何前后说法不一致呢？老者说："你要寻找什么？你就会找到什么！"

你是不是觉得自己有些时候也和这两个青年一样，当你以欣赏的态度去看一件事，你便会看到许多优点；以批评的态度去看，你便会看到无数缺点。请结合寓言想一想，即将步入职场的我们，应该用哪种态度去面对新工作、新环境。

____

____

____

____

____

____

____

课后延伸

1. 视频推介：《梦想与责任——奥巴马的开学演讲》
2. 阅读推荐：

《这些道理没有人告诉过你》，作者：何萃先，张有明，万泓楷，郭丹锐；出版社：北京联合出版公司

四、心灵感悟

内　　容	你的答案（请在括号里打“√”）
1. 你了解本专业的主要就业方向吗？	是（　）　否（　）
2. 在求职面试技巧上，你有提升吗？	有（　）没有（　）不清楚（　）
3. 你会利用今天所学来改变自己以前的习惯吗？	是（　）　否（　）
4. 你认为今天所学对以后的学习和生活有作用吗？	有（　）没有（　）不清楚（　）
5. 本节课，你印象最深的是哪个环节？（写一写）	______________________ ______________________
6. 请对自己的收获进行评价并写下原因。	非常棒😄（　）很好😊（　） 一　般😞（　） ______________________ ______________________

CHAPTER 29

创业，你准备好了吗？

想创业的人不在少数，而创业成功的人却是少之又少。大家只看到他们成功的风光，却没看到他们通宵达旦地去工作、去思考。在创业的道路上，他们会走得崎岖，会积累无数的经验。那么现在的你，还觉得创业是件简单的事吗？创业，你准备好了吗？

“创业要找最合适的人，不一定要找最成功的人！”

——马云

一、心灵触动

读一读

他31岁从车库卖书起家，如今公司市值3万亿，品牌价值仅次于苹果！

他和马云被称为失散多年的兄弟，但他却比马云更不安分，他是全球最大的网上书店亚马逊的创始人——杰夫·贝索斯。

1988年，25岁的贝索斯在一家纽约银行信托公司工作，管理价值2500亿美元资产的电脑系统，也成为这家公司有史以来最年轻的副总裁。

对年轻人来说，当时的贝索斯已相当成功，但他却并不满足！

1994年，贝索斯偶然进入一个网站，看到互联网使用人数每年在以2300%的速度增长。

贝索斯当机立断：这才是未来！

几周后，贝索斯列出了 20 多种商品，然后逐项淘汰，精简为书籍和音乐制品，最后选定先卖书籍。于是他放弃有着丰厚待遇的工作，拖家带口从纽约开车到西雅图，踏上了创业之路。

1995 年，贝索斯用 30 万美元的启动资金，在西雅图郊区租来的车库中，创建了全美第一家网络零售公司——Amazon.com（亚马逊公司）。之所以选用全世界最大的一条河流来命名公司，是因为贝索斯希望它能成为图书公司中名副其实的“亚马逊”，而事实证明他做到了。

为了和传统书店的巨头竞争，贝索斯结合亚马逊网上商城的优势，找到了属于自己的销售方法：

1. 做最便宜的书店，天天打折；
2. 做最方便快捷的服务；
3. 做数量品种最多的书店；
4. 做最好的推广和口碑营销。

动一动

- **上网找找资料**

1. 找一个你最熟悉的人物的创业事例。

2. 结合你找的人物创业实例，试着总结成功创业者应具备的基本条件。

- **动脑谈一谈**

3. 请你谈谈，你具备了哪些创业的素质。

想一想

在“大众创新，万众创业”的推动下，越来越多的人投入到创业的浪潮中，谈谈你对创业的看法。

二、心灵课堂

课前准备

观看视频：《创业旅程》——李嘉诚

1. 根据上述视频，结合当今社会的创业艰辛，谈谈你对创业难处的看法。

2. 根据所找的创业事例，说说创业的过程应该考虑的因素。

课堂导读

1. 理解创业的意义

创业是创业者对自己拥有的资源或通过努力能够拥有的资源进行优化整合，从而创造出更大经济或社会价值的过程。创业是一种劳动方式，是一种需要创业者运营、组织、运用服务、技术、器物作业的思考、推理和判断的行为。

创业是一种思考、推理和行为方式，它为机会所驱动，需要在方法上全盘考虑并拥有和谐的领导能力。创业必须要贡献出时间，付出努力，承担相应的财务、精神和社会的风险，并以获得金钱的回报、个人的满足和独立自主为目的的社会行为。大中专院校学生自主创业是改善社会就业结构和缓解社会就业压力的重要途径，也是社会发展的内在需求。创业可以实现个人梦想，充分展现自我的人生价值。

2. 认识“大众创业、万众创新”

2014 年 9 月召开的夏季达沃斯论坛开幕式上，李克强总理首次提出，要借改革创新的“东风”，在 960 万平方千米的土地上掀起“大众创业”“草根创业”的浪潮，形成“万众创新”“人人创新”的新态势。2015 年李克强总理在政府工作报告中又提出：“大众创业，万众创新。”政府工作报告中如此表述：推动大众创业、万众创新，“既可以扩大就业、增加居民收入，又有利于促进社会纵向流动和公平正义”。在论及创业创新文化时，强调“让人们在创造财富的过程中，更好地实现精神追求和自身价值”。

3. 根据观看的视频以及所介绍的创业事例，请总结创业者应该具备哪些素质，你还需做哪些努力。

____

____

____

课堂任务

谁能当业主

白雪家住闽江上游的武夷山区。这里农活不忙，许多年轻人都进城打工去了。因为母亲病重，她不能出远门。她很想多挣点钱接济家用，给母亲治病，也给自己买些衣物用品。

她原打算在村里办一个小旅店。翻来覆去地想过以后，她觉得自己的想法不现实：村里的人太保守，他们不会欢迎陌生人到村里住；而且村子离公路干线太远，即便能说服大家，也很难吸引到游客；再说，如果老天总是阴雨连绵的，就是说服了游客在村里住下，他们待着也很无聊。

邻村的小兰也打算在村里办个小旅店。她知道，她得先向村里人宣传自己的想法，得到乡亲的理解和支持才行。她相信自己能做出个好样子，使大家相信小旅店也能赚钱，而且不会打扰村里人的生活。

她为区旅游局写了份宣传小册子，又搭车进县城，与一些旅行社和客运公司的人谈了自己的想法。让她兴奋的是，各方人士都赞同她的想法，认为很多旅游者其实喜欢住在村里。许多旅行社已经在探讨为游客提供在武夷山的山村里歇脚的途径。小兰很受鼓舞，立即准备她的企业计划。

1. 白雪和小兰各自的长处和弱点是什么?
2. 谁将成为一个好的企业创办者？为什么?

写下你的结论，通过分组讨论得出最终结论，并派代表说明。

课堂讨论

识别创业活动：

1. 一位妇女喜欢为家庭聚会制作开胃食品，朋友们经常称赞她，告诉她这些食品有多么的美味。后来她建立了一家公司来制作和销售开胃食品。

2. 一位从事生物化学基础研究的科学家做出了能推动该领域前沿发展的重要发现。但是，他对识别该发现的实际用途没有兴趣，而且从未尝试那样做。

以上哪个属于创业，哪个不属于创业?

三、心灵回音

读案例，论思考

案例1：学生小刘毕业后一直想自己做老板，看到邻居在小区里开了一个食品杂货店，收益一直不错，颇为心动。于是，小刘租了小区内一个库房做店面，筹集了一万多元钱做启动资金，进了一些货品，开了一家食品杂货店。但是经营了两个月后，小刘的食品杂货店就撑不住了，不得已关张。为什么同样是食品杂货店，邻居可以干得红红火火，小刘的店就经营惨淡呢?原来，小刘为了突出自己食品杂货店的特色，没有像邻居一样进茶、米、油、盐等大众用品，而是将经营范围锁定在沙司、奶酪、芝士等一些西餐调味食品上。但是小区里的居民对她的货品需求少，加之她店面的位置在小区边缘，而且营业时间不固定，由着她的性子开，很多邻居都不愿意绕道过去，所以生意不红火。

案例 2：张大勇性格开朗，待人热情，头脑灵活，善于社交，有一定的管理能力。他酷爱电脑，做着电脑的生意，兜里也有一些积蓄，而且身边又结识了众多的电脑爱好者们。由于当今的网络已成为年轻人生活的一部分，张大勇就瞄准了一个挣钱的机会——开一家网吧。但是，自己积蓄的钱又不够。经过仔细分析和市场调研后，在一个交通便利又比较热闹的地段，张大勇和几个朋友一起开了一家规模较大的网吧。一年后，张大勇不仅收回了本钱，而且自己又开了一家分店。

请思考：例子中的主人翁，成功之道是什么？需要总结的经验又是什么？

____

____

____

____

课后延伸

1. 阅读推介：《90 后“火锅西施”创业，一年估值 2000 万》。

2. 资料搜罗：地方最新创业优惠政策。

3. 爱心提示：

生活是公平的，哪怕吃了很多苦，只要你坚持下去，一定会有收获，即使最后失败了，你也获得了别人不具备的经历。

——马云

四、心灵感悟

内　　容	你的答案（请在括号里打“√”）
1. 你对创业有一定的认识吗?	有（　）没有（　）不清楚（　）
2. 你理解创业的意义了吗?	是（　）　否（　）
3. 在创业的道路上，你具备应有的条件了吗?	有（　）没有（　）不清楚（　）
4. 你会利用今天所学来改变自己以前对创业的态度吗?	会（　）不会（　）
5. 你认为今天所学对以后的成长之路有作用吗?	有（　）没有（　）不清楚（　）
6. 本节课，你印象最深刻的是哪个环节?（写一写）	____________________ ____________________
7. 请对自己的收获进行评价并写下原因。	非常棒😁（　）很好😊（　） 一　般😞（　） ____________________ ____________________

CHAPTER 30

寻找有责任心的我

在日常行为中，你是否有以下的表现：对自己的要求不高，遇事不考虑他人和集体，对长辈没有礼貌等。这些都是不负责任的行为。同学们，其实尽责很简单，责任就在你我身边。个体的责任心有着巨大的力量，它反映着一个人的精神境界和思想品德，是努力攀登的强大动力，是不懈奋斗的重要保证。

一个人若是没有热情，他将一事无成，而热情的基点正是责任心。

——列夫·托尔斯泰

自由的第一个意义就是担负自己的责任。

——阿来

一、心灵触动

读一读

哥俩的故事

从前有两只乌鸦，一只是哥哥，一只是弟弟。他们刚刚搭好窝，冬天就到了，可是他们两个搭窝的时候总想偷懒，搭得很软，所以大风很快就把他们的窝吹了一个口子。哥哥想：风把窝吹漏了，弟弟一定很冷，他会去补的。弟弟想：哥哥一定很冷，他会去补的。就这样，他们两个谁也没去补。过了一阵，窝露的口子更大了，哥哥想：这回弟弟一定冷了，他会去补的。弟弟想：这回哥哥一定冷了，他会去补的。就这样他们又谁也没去补。风越来越大了，把他们的窝从树上吹掉了，两只乌鸦掉在雪地里被冻僵了。

动一动

- **上网找找资料**

1. 查找搜集“责任心”的定义。

2. 找三条关于责任的格言。

想一想

1. 这个故事给了你什么启示？

2. 你认为自己是个负责任的人吗？

二、心灵课堂

课前准备

1. 各拍摄组成员分工合作，发现、挖掘和拍下身边负责任的人与事，记录负责任的瞬间，制作一分钟的课件，安排一人进行现场课件讲解，并在被拍摄的人物中推选一名“最负责任的人”。

2. 小品组按照剧本精心准备道具和排练情景剧，表演时间3分钟。

3. 在课室布置四个U型座位区域，每个区域坐一个组。

课堂导读

测一测你的责任心

内　容	是	否
1. 与人约定了时间，你通常准时赴约吗？		
2. 你认为自己是个可靠的人吗？		
3. 你会因未雨绸缪而储蓄吗？		
4. 发现朋友违纪或犯法，你会规劝和告知老师或通知警察吗？		
5. 你会把垃圾扔进垃圾桶吗？若没有垃圾桶，你会把垃圾带回家吗？		
6. 你经常运动以保持健康吗？		
7. 你忌吃垃圾食物、脂肪性过高和其他有害健康的食物吗？		
8. 你永远将正事列为优先，再做其他休闲活动吗？		
9. 你经常按时交作业吗？		
10. 你经常帮忙做家务吗？		
11. “既然决定做一件事情，那么就要把它做好。”你相信这句话吗？		
12. 你会时常帮助别人吗？		
13. 你从不违纪吗？		

课堂任务

1. 学生自导自演情景剧《那人那事》

小品组依次到台前表演四个小情景剧，表演结束后，各组派一位同学代表上台发言做分享。

2. 学生播放和讲解课件

各拍摄组分别由一位代表上台进行课件展示，并对课件中的人与事进行简要讲解，各组在被拍摄的人物中推选出一位“最负责任”人物。

3. 学生阅读故事

福特的求职故事

美国有一名叫福特的大学毕业生，去一家汽车公司应聘，和他一同应聘的人都比他学历高。前几个人面试之后，他觉得自己没希望了，但既来之，则安之，他敲门后走进了董事长的办公室。

董事长说：“很好！福特先生，你已被我们录取了。”

福特惊讶地说：“董事长，我觉得前几位都比我好，您为什么录用我？”

董事长说：“福特先生，前面三位的学历比你高，且仪表堂堂，但是他们的眼睛只能看见大事，而看不见小事。你的眼睛不仅看见了小事，你的文明行为和责任意识给我留下了深刻的印象。”

原来刚才一进门，福特发现地上有一张废纸，便弯腰捡了起来，并顺手扔进了纸篓里。这样一个不经意的有责任心的小行为决定了面试的成败。

几年以后，这位弯腰捡纸团的应聘者成了这家著名大公司的总裁。他就是美国福特公司的创始人福特。

4. 视频播放

课堂讨论

1. 观看现场情景剧表演《那人那事》，全班讨论分享：

（1）在平时生活中遇到过情景剧中的现象吗？

（2）对剧中的角色和行为进行评价：哪些行为是不应该做的？

（3）你有什么感受？你认为你现在的责任有哪些？

2. 播放和讲解课件，小组讨论并推选一位“最负责任”人物。

3. 阅读故事，小组内讨论分享：

（1）故事主人公的身上体现了怎样的品质？

（2）这个故事给了你什么启示？

（3）与“心灵触动”故事的共通之处在哪里？

4. 请反思，你自己成长中应承担哪些责任，对责任有什么新的认识和新感想。

三、心灵回音

读故事，谈感想

办公室的故事

某公司要裁员，公布了下岗名单，有行政部的小王和小严，规定1个月后离岗。那天，大伙看她俩都小心翼翼的，更不敢多说一句话。因为她俩的眼圈都红红的，这事摊到谁头上都难以接受。第二天上班，小王心里憋气，情绪仍然很激动，什么也干不下去，一会儿找同事哭诉，一会儿找主任伸冤，什么定盒饭、传送文件、收发信件这些她应该干的活全扔在一边，别人只好替她干。而小严呢，她也哭了一个晚上，可是难过归难过，离走还有一个月呢，工作总不能不做，于是她默默地打开电脑，拉开键盘，继续打文稿。同事们知道她要下岗，不好意思再找她打字了。她特地和大家打招呼，主动揽活。她说：“是福不是祸，是祸躲不过，反正也就这样了，不如好好干完这个月，以后想给你们干都没机会了。”于是，同事们还像从前一样：“小严，把这个打出来，快点儿！”“小严，快把这个传出去！”小严总是连声答应，手指飞快地点击着，辛勤地复印着，随叫随到，坚守着她的岗位，坚守着她的职责。一个月后，小王如期下岗，而小严却被从裁员的名单中删除，留了下来。主任当众宣布了老总的话：“小严的岗位谁也无法代替，像小严这样的员工公司永远也不会嫌多！”

为什么小王走了，小严留下了？对于未来的职业生涯，这个故事给你的启示是什么？

____

____

课后延伸

1. 阅读推荐：《致加西亚的信》，作者：（美）阿尔伯特·哈伯德
2. 电影推介：《阿甘正传》（美国）
3. 爱心提示：

放弃了自己对社会的责任，就意味着放弃了自身在这个社会中更好生存的机会。

——社会学家戴维斯

四、心灵感悟

内　　容	你的答案（请在括号里打“√”）
1. 你知道自己成长过程中要承担哪些责任吗？	是（　）　否（　）不清楚（　）
2. 你懂得如何做一个负责任的人吗？	懂（　）不懂（　）不清楚（　）
3. 你会利用今天所学来改变自己以前的不好习惯吗？	是（　）　否（　）
4. 你认为今天所学对以后的学习和生活有作用吗？	有（　）没有（　）不清楚（　）
5. 本节课，你印象最深的是哪个环节？（写一写）	______________________ ______________________
6. 请对自己的收获进行评价并写下原因。	非常棒😄（　）很好😊（　） 一　般😞（　） ______________________ ______________________

反侵权盗版声明

举报电话：（010）88254396；（010）88258888

传　　真：（010）88254397

E-mail：　dbqq@phei.com.cn

通信地址：北京市万寿路 173 信箱

　　　　　电子工业出版社总编办公室

邮　　编：100036